24 HEURES DU MANS

# LE MANS

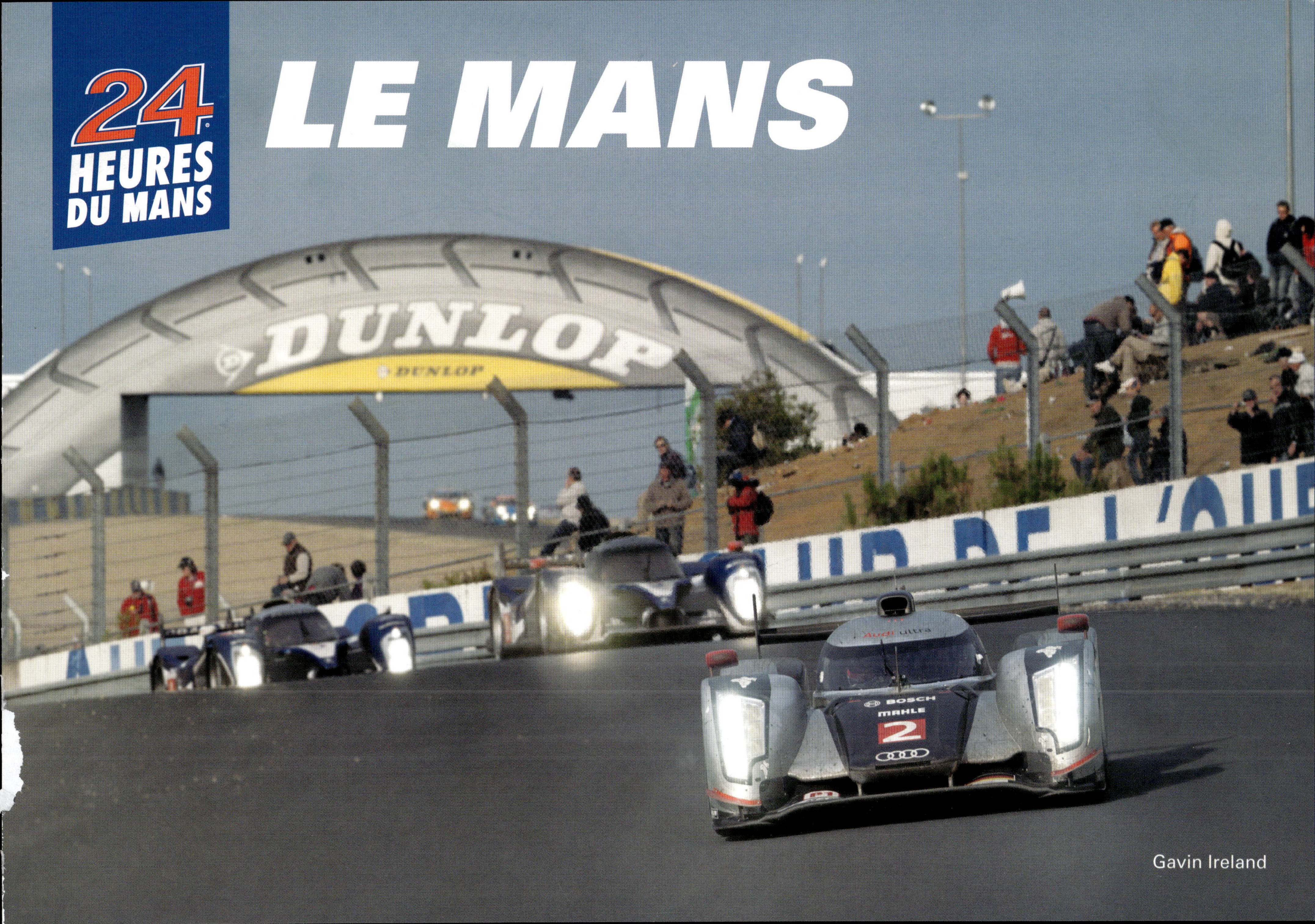


Gavin Ireland

www.veloce.co.uk

First published in March 2012 by Veloce Publishing Limited
Veloce House, Parkway Farm Business Park, Middle Farm Way, Poundbury, Dorchester, Dorset, DT1 3AR, England.
Fax 01305 250479/e-mail info@veloce.co.uk/web www.veloce.co.uk or www.velocebooks.com.

ISBN: 978-1-845842-43-7 UPC: 6-36847-04243-1 (Veloce edition)


Readers with ideas for automotive books, or books on other transport or related hobby subjects, are invited to write to the editorial director of Veloce Publishing at the above address.
British Library Cataloguing in Publication Data – A catalogue record for this book is available from the British Library.
Typesetting, design and page make-up all by Veloce Publishing Ltd on Apple Mac. Printed in India by Replika Press.

E-T-A-I

Distribué en France et dans les pays francophones par E-T-A-I
Antony Parc 2
10, place du Général de Gaulle
92 160 Antony – FRANCE
Téléphone : 01 77 92 92 92
Télécopie : 01 46 99 31 55

www.infopro.fr
www.librairie-passionautomobile.com

Dépôt légal avril 2012
ISBN : 978-2-7268-9617-4 (édition E-T-A-I)

Traduction française : Serge Cordey

# CONTENTS



# SOMMAIRE



For Tom and Hazel

# INTRODUCTION

The most compelling aspect of Le Mans is that it embodies the term 'endurance racing' in the most emphatic and literal sense. Endurance, in that cars and drivers travel more than 3100 miles (5000km) during the race; almost the distance of a whole season of Formula One, but using far fewer tires and less fuel. The best and most fortunate survive relatively unscathed, while others crawl home with bodywork held together with gaffer tape and engines near failure. And racing; even after 24 hours, the winning car in 2011 was only 13.8 seconds ahead of its nearest rival – the top two cars never more than four minutes apart throughout the entire race. This is no mere reliability run, and battles are fought tooth-and-nail all down the field, right until the last minutes.

The photos in this book were taken at the 2010 and 2011 Le Mans 24 Hour races, which, I am quite sure, will come to be regarded as part of a golden age of sports car racing, with a remarkable depth of competition across all classes involved. However, it's undoubtedly the intense rivalry between the works Audi and Peugeot teams that will come to define this era. In 2010, having been humbled by Peugeot a year before, Audi set out with an improved version of the R15 prototype that was still inferior in speed and efficiency to the evolved Peugeot 908. But as the race unfolded at breathtaking speed, the French squad saw its hopes evaporate as the elegant 908s succumbed to mechanical failures one after another, leaving Audi to sweep the podium in the fastest Le Mans 24 Hours race ever – the winning car averaging more than 140mph (225km/h) day and night to overtake a speed record set in 1971 when the circuit's long straights were unfettered by chicanes. Audi's technical director, Ralph Juttner, looked back on the 2010 race by saying, "This Le Mans will go down in history. Not just because of the new distance record, but because we live at a time when reliability is no longer in question. It's all about who is fast and who is slower. We probably forced our opponents to risk more than they wanted, so they got problems. Nobody could have written the story as it eventually turned out."

These sentiments seem even more pertinent to the 2011 race – the 79th running of the Le Mans 24 Hours proving even more dramatic. New regulations prompted new cars from both squads; Peugeot arriving in La Sarthe with a wholly revised version of the 908; Audi, changing philosophy, fielding a closed car for the first time since 1999. Qualifying ended with the six lead cars separated by less than half a second, and the battle finely balanced. But this time, it was Audi risking more than it wanted to, as two of the R18 coupés were destroyed in horrific accidents which drivers and bystanders were truly fortunate to walk away from. For more than 16 hours Audi fought with just a single car. With three works cars and one of the previous year's 908s run by the capable ORECA team, Peugeot appeared to have a decisive advantage, but Audi had nothing left to lose. As the lead changed time and again throughout the night and into Sunday morning, once more it was Audi that held its nerve; the sole no 2 car crossing the line just 13.8 seconds ahead of the nearest of the four Peugeots. It was one of the closest finishes in Le Mans history.

Yet, Le Mans is not just about the great races between manufacturers with decades of heritage, it's also about the amateurs who contest the same race at the same time – traditionally known as 'gentleman drivers.' The class structure of Le Mans means a reasonably well-qualified (and by necessity, often rather wealthy) amateur can race alongside legends such as eight-time winner Tom Kristensen, and ex-Formula One drivers like Alex Wurz and Giancarlo Fisichella. In 2011, the small Robertson Racing squad, co-owned by the husband and wife driving team of Dave and Andrea Robertson, achieved a podium finish in the GTE-Am category. The team had never scored a podium at any of the smaller races it contested, but a combination of pace, consistency, mechanical ingenuity, and luck brought glory – Andrea becoming the first woman in 70 years to stand on a Le Mans podium.

These two years at Le Mans have been extraordinary, but every June there is a special atmosphere. The city is taken over by traditions that date back many decades. Fans turn up in their thousands, both locals and outsiders alike, many having followed the race since childhood. And Le Mans would be nothing without its committed and passionate fans of all nationalities. From the locals cheering the drivers through the streets of Le Mans, to the beer-soaked campsites on 'Mad Friday,' and the multinational gathering of people who know each other only by screen names on a web forum for 51 weeks of the year, this race brings together an eclectic and wonderful range of individuals, all intent on enjoying this festival of speed, light, and noise.

More than 50 cars, 150 drivers, and 250,000 people in an event that builds up over the course of a week: Le Mans is a test of endurance for everyone involved. It's this sense of scale and drama that inspired me to shoot the race in panoramic format; to capture a new angle on the event, one that shows a wider view and more of the context around the action. I hope these photos capture some of the most memorable aspects of Le Mans, like the mix of carnival and intense focus on the pre-race grid, or headlights sweeping along the crash barriers in the dead of night. Photographing Le Mans is demanding at the best of times, and doing so with a panoramic approach that, to my knowledge, has never been used before for such a dynamic event posed some unique challenges. I couldn't have done it without the great company and moral support of Sam Collins, Wouter Melissen, and Lawrence Butcher. Wouter also contributed the photos on pages 70, 104 and 204. And the book could never have come about without the patience and vision of Rod Grainger, Kevin Atkins, and the rest of the team at Veloce Publishing, also Mickael Andreo at IMG, and Elodie Leboulleux at the ACO. Finally, I thank my wife, Katya, for the endurance she has shown in the three years it has taken for this book to come to fruition.

**Gavin Ireland**

# INTRODUCTION

Difficile d'imaginer une compétition qui corresponde aussi littéralement et totalement à l'expression "course d'endurance" que les 24 Heures du Mans. "Endurance", car les voitures et les pilotes couvrent plus de 5 000 km au cours de l'épreuve ; presque autant qu'une saison complète de Formule 1, avec une consommation de pneus et de carburant très inférieure. Les voitures les meilleures et les plus chanceuses arrivent au bout à peu près intactes, alors que d'autres se hissent avec peine jusqu'à la ligne d'arrivée, la carrosserie rafistolée au ruban adhésif et le moteur menaçant de rendre l'âme. Et "course", car même après 24 heures d'affrontement, le vainqueur de 2011 ne précède le second que de 13,8 secondes – les deux voitures de tête n'étant jamais séparées de plus de quatre minutes pendant l'épreuve toute entière. Ce n'est donc plus seulement une course de fiabilité et les batailles sont livrées pied à pied, sans rien lâcher, jusqu'au dernier moment.

Les photos de ce livre ont été prises aux 24 Heures du Mans 2010 et 2011, époque qui sera probablement considérée comme faisant partie d'un âge d'or de la course automobile, avec une concurrence très serrée dans toutes les catégories. Mais c'est indiscutablement l'intense rivalité opposant les équipes d'usine Audi et Peugeot qui la symbolisera. En 2010, après la défaite de l'année précédente subie devant Peugeot, Audi revient avec une version améliorée du prototype R15, baptisée R15+, qui reste toutefois inférieure à l'évolution de la Peugeot 908 en vitesse de pointe et en comportement. Mais, alors que la course se déroule à une moyenne incroyablement élevée, l'équipe française voit petit à petit ses espoirs s'envoler, quand les élégantes 908 succombent les unes après les autres à des défaillances mécaniques. Audi grimpe sur la plus haute marche du podium, à l'issue des 24 Heures du Mans les plus rapides de leur histoire – la voiture victorieuse signe une moyenne de 225 km/h sur l'ensemble de l'épreuve, dépassant le record de 1971 établi avant que les chicanes ne ralentissent les Hunaudières, soit la longue ligne droite du circuit. Le directeur technique d'Audi, Ralph Juttner, se souvient de cette édition 2010 : "Cette course va entrer dans les annales des 24 Heures. Pas seulement à cause du nouveau record de distance, mais parce que la fiabilité n'est plus en question. Tout se résume à cette question : qui est rapide et qui est lent. Nous avons probablement forcé nos adversaires à prendre plus de risques qu'ils ne le souhaitaient, ce qui a provoqué leur perte. Mais personne ne pouvait prédire ce qui s'est passé."

Ce commentaire semble correspondre encore mieux à l'édition 2011, la 79e du nom, qui va se révéler plus spectaculaire encore. Le nouveau règlement amène les équipes à mettre au point de nouvelles armes : Peugeot s'engage avec une version améliorée de la 908 alors qu'Audi, modifiant son approche, présente une voiture fermée, pour la première fois depuis 1999. À l'issue des qualifications, les six meilleures machines ne sont séparées que d'une demi-seconde, ce qui augure d'une belle bagarre. Mais cette fois, c'est Audi qui prend le plus de risques, deux coupés R18 étant complètement détruits, en course, dans deux accidents spectaculaires dont pilotes et spectateurs sortent heureusement indemnes. Pendant plus de seize heures, la marque allemande se bat avec sa seule arme survivante. Comptant encore en course trois voitures d'usine plus une 908 de la saison précédente, engagée par la très performante écurie Oreca, Peugeot semble bénéficier d'un avantage décisif, mais Audi n'a plus rien à perdre. Alors que les deux marques jouent au chassé-croisé en tête tout au long de la nuit jusqu'au dimanche matin, c'est une fois de plus le constructeur germanique qui sort le mieux son épingle du jeu ; la voiture n° 2, seule Audi encore en course, franchit la ligne d'arrivée 13,8 secondes devant la plus proche poursuivante des quatre Peugeot. L'une des arrivées les plus serrées de toute l'histoire des 24 Heures du Mans.

Pourtant, les 24 Heures du Mans ne se limitent pas à un affrontement de grandes marques. La course concerne aussi les amateurs – les "gentlemen drivers" – qui disputent la même épreuve. Les catégories définies par le règlement permettent à un pilote amateur (relativement fortuné, par nécessité) qui se qualifie correctement de pouvoir courir aux côtés de légendes vivantes comme Tom Kristensen, huit fois vainqueur dans la Sarthe, ou d'anciens pilotes de Formule 1 à l'image d'Alexander Wurz et Giancarlo Fisichella. Ainsi en 2011, la modeste équipe Robertson Racing, gérée par les époux – et pilotes – Dave et Andrea Robertson, décroche un podium dans la catégorie LM GTE Am. L'équipe n'a jamais remporté de place d'honneur lors des courses de moindre importance qu'elle a disputées, mais un mélange de régularité, ténacité, ingéniosité mécanique et chance lui apporte la gloire – Andrea étant la première femme depuis 70 ans à monter sur un podium aux 24 Heures du Mans.

Ces deux éditions ont été certes particulières mais, chaque année au mois de juin, il règne ici une atmosphère spéciale. La ville est rattrapée par des traditions qui remontent loin. Les fans arrivent par milliers, de près ou de loin, de toutes nationalités, certains n'ayant pas manqué une seule édition depuis leur enfance. Sans eux, les 24 Heures du Mans ne seraient rien. Depuis les admirateurs locaux acclamant les pilotes dans les rues du Mans, lors de la grande parade, jusqu'aux campings déchaînés du vendredi soir et aux rencontres d'individus qui ne se connaissent que par le pseudo internet du forum où ils échangent 51 semaines par an, cette course rassemble une foule merveilleuse et bariolée de spectateurs de tous horizons, réunis dans le seul but de profiter de ce festival de lumière, de vitesse et de bruit.

Plus de 50 voitures, 150 pilotes et 250 000 spectateurs, pour un événement qui prend forme autour de la course : Le Mans est une épreuve d'endurance pour tous ceux qui y participent. C'est cette dimension spectaculaire et grandiose qui m'a incité à photographier la course en format panoramique : pour saisir l'événement sous un angle nouveau, en élargissant le champ visuel et en montrant le contexte dans lequel il s'inscrit. J'espère que ces photos sauront traduire quelques-uns des aspects les plus frappants des 24 Heures du Mans, comme le mélange de désordre et d'intense concentration qui règne sur la pré-grille ou le pinceau des phares glissant sur les rails de sécurité au plus profond de la nuit. Photographier cette course est une tâche exigeante. Mais le faire avec une approche panoramique qui, à ma connaissance, n'a jamais été utilisée sur un événement aussi dynamique, a constitué pour moi un véritable défi. Je n'aurais pu y arriver sans la compagnie précieuse et le soutien moral de Sam Collins, Wouter Melissen et Lawrence Butcher. Wouter a d'ailleurs participé aux photos des pages 70, 104 et 204. Quant au livre, il n'aurait pu voir le jour sans la patience et la clairvoyance de Rod Grainger, Kevin Atkins et le reste de l'équipe de Veloce Publishing, ainsi que de Mickael Andreo chez IMG et Élodie Leboulleux à l'ACO. J'aimerais enfin remercier mon épouse Katya pour sa patience pendant les trois années qui ont été nécessaires pour faire mûrir cet ouvrage.

**Gavin Ireland**

**CITY** Arriving in Le Mans will always spark the imagination of anyone even vaguely aware of motor racing, this ancient city in France now so firmly written into sporting legend that the very name is trademarked.

Yet, for all its modern commercialism, Le Mans is a city that celebrates its heroes; poignant remembrance of those who lost their lives in the French Resistance is accompanied by celebration of sporting victors in more recent times. Those with more than a passing interest know that not all those whose hand prints adorn the streets of Le Mans lived to grow old.

124 miles (200km) south west of Paris, 155 miles (250km) east of the Atlantic, Le Mans is the regional capital of the Sarthe department, and a hub of technology and innovation that supports much of the local economy. Evolved from an early Roman settlement, modern Le Mans wraps itself around the 15th century old town, with the magnificent Cathedral de St Julien overlooking shopping malls and the regional judiciary. Rarely frequented by race visitors, the old town is silent, while just a few miles away a temporary village is being constructed from race transporters, marquees, and tents adorned with Union Jacks and Danish flags.

**LA VILLE** Arriver au Mans excitera toujours l'imagination de quiconque est plus ou moins familier du sport automobile. Cette cité dont les racines plongent dans l'Antiquité gallo-romaine est aujourd'hui si fermement ancrée dans la légende sportive que son nom même est déposé.

Malgré sa vibrante activité, Le Mans est une ville qui sait rendre hommage à ses héros. Le souvenir poignant de ceux qui ont perdu la vie dans la Résistance côtoie la célébration des pilotes victorieux des temps modernes. Pourtant, les visiteurs dont l'intérêt est plus que passager savent que ceux dont les mains sont imprimées dans les rues du Mans n'ont pas tous survécu, eux non plus.

À 200 km au sud-ouest de Paris, à 250 km de l'océan Atlantique, chef-lieu du département de la Sarthe, Le Mans est une plaque tournante de technologie et d'innovation, qui anime l'économie locale. Ancienne cité gauloise, l'agglomération moderne s'est développée autour de sa vieille ville du XVe siècle, la magnifique cathédrale Saint-Julien dominant les commerces et le palais de justice. Rarement fréquentée par les spectateurs des 24 Heures du Mans, la vieille ville somnole en silence alors que, à quelques kilomètres de là, un village temporaire s'élève dans l'excitation, fait de semi-remorques, de tentes et de chapiteaux sur lesquels flottent les drapeaux de toutes nations.

MARTYRS

KRISTENSEN ALBORETO
www.empreintesdespilotes.com

**TRACK** The Circuit de la Sarthe winds its way through the French countryside for 8.47 miles (13.629km), sharing its permanent facilities with the shorter Bugatti circuit, and most of its length with the public road. From the pit complex, the track rises towards the iconic Dunlop Bridge before plunging back down the esses into Tertre Rouge, where the dedicated race track joins what is, for 51 weeks of the year, the Route Departmental 338 towards the village of Mulsanne. Nearly four miles (6km) later the road veers sharply right and the cars accelerate along a gently curving climb into the forest, towards the famous corners at Indianapolis and Arnage.

The landscape opens up on the approach to the intimidating Porsche Curves, a high speed complex where the walls of Armco barrier are always gleaming, even if the track surface shows how rapidly things can go wrong here. The pit complex soon comes into view before the scarred kerbs of the Ford chicane attest to the most direct line through the final turns, onto the main straight and the start of another lap. The fastest cars will top 200mph (320km/h) four times every lap, twice around the clock in rain and sun, day and night. Even without competition, completing 24 hours around Le Mans is undoubtedly a stern challenge in its own right.

**LA PISTE** Le tracé se fraye un chemin dans la campagne sarthoise sur 13 629 km, partageant ses aménagements permanents avec le circuit Bugatti, plus court, et sa partie la plus longue avec les voies publiques. Depuis les stands, la piste s'élève jusqu'à la célèbre passerelle Dunlop avant de plonger dans les esses du Tertre Rouge, où le circuit permanent rejoint ce qui est, 51 semaines par an, la Départementale 338 vers le village de Mulsanne. Presque 6 km plus loin, au bout de la ligne droite des Hunaudières, la route vire brutalement à droite et les voitures accélèrent sur une légère montée en courbe dans la forêt, vers les fameux virages d'Indianapolis et Arnage.

Le paysage s'ouvre à l'approche des intimidants virages Porsche, un ensemble complexe et rapide où brillent sans cesse les glissières de sécurité, même si les traces couvrant la piste montrent à quel point les choses peuvent ici tourner mal. Les tribunes principales sont alors en ligne de mire, avant que les vibreurs de la chicane Ford, marqués de traces de gomme, ne montrent la meilleure trajectoire jusqu'à la ligne droite des stands, commencement d'un nouveau tour. Les voitures les plus rapides atteindront 320 km/h quatre fois par tour, 24 heures d'affilée, sous le soleil ou la pluie, de jour comme de nuit. Même sans compétition, rouler 24 heures sur le circuit du Mans est en soi un véritable défi.

DUNLOP

TOTAL
MOTUL MOTUL MOTUL MOTUL MOTUL
Sarthe

**PREPARATION** The teams settle in to their homes for the week and normal service begins, with cars stripped down, cleaned, polished, and tested. Fluids are topped up, spares stocked up and, on the other side of the paddock, hospitality tents established. Unseen by all but the most curious spectators, the Armco barriers around the track are tightened and checked, flower pots are refilled, and the lights on the main straight scrubbed clean – all the better to signal the start of the 24 Hours a week later. This is also the chance for promotional photos, to make the most of being at the legendary circuit: for car manufacturers, Le Mans is all about the old adage of 'win on Sunday, sell on Monday,' and there have been few more eye-catching competition cars at Le Mans than BMW's 17th Art Car, designed by American artist Jeff Koons for the 2010 race. The Art Car, raced by Andy Priaulx, Dirk Müller, and Dirk Werner, was coated in vinyl wrap featuring the hundreds of dynamic lines of Koons' design. Crucially, given the gruelling event ahead, Koons' design was also applied to individual spare parts.

**LA PRÉPARATION** Les écuries prennent possession pour la semaine de leur garage et commencent à travailler, démontant, nettoyant, lustrant et testant les autos. Les liquides sont vidangés, les pièces de rechange stockées et, dans les coulisses du paddock, les tentes d'accueil sont installées. Loin des projecteurs, des équipes resserrent et vérifient les glissières de sécurité, remplissent les pots de fleurs et astiquent soigneusement les feux de signalisation de la ligne droite des stands – pour assurer une semaine plus tard un départ impeccable. C'est aussi l'occasion d'effectuer les photos de promotion, de profiter d'être sur ce circuit légendaire : pour les constructeurs, les 24 Heures du Mans sont l'objet d'un vieil adage, "Gagnez dimanche, vendez lundi", et peu de voitures de course attirent autant l'œil que le 17e *Art Car* de BMW, peint par l'artiste américain Jeff Koons pour l'édition 2010. Cette machine, pilotée par Andy Priaulx, Dirk Muller et Dirk Werner est couverte de bandes de vinyle figurant les centaines de lignes dynamiques du dessin de Koons. Même à la veille de l'exténuante épreuve, le souci du détail pousse à appliquer ce dessin sur les pièces de rechange.

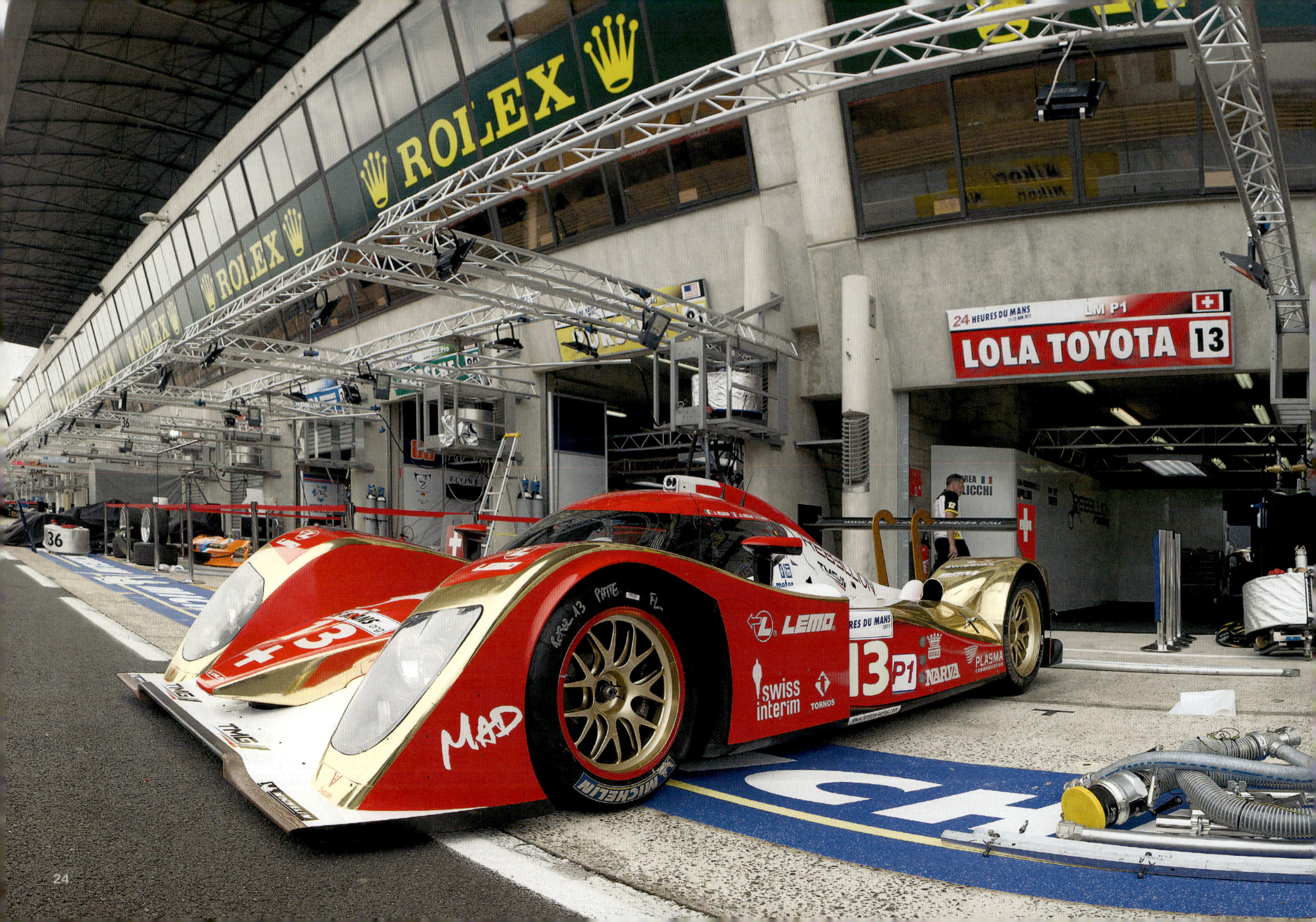
ROLEX
24 HEURES DU MANS
LM P1
LOLA TOYOTA
13
LEMO
swiss interim
TORNOS
NARVA
PLASMA
P1
MAD
MICHELIN

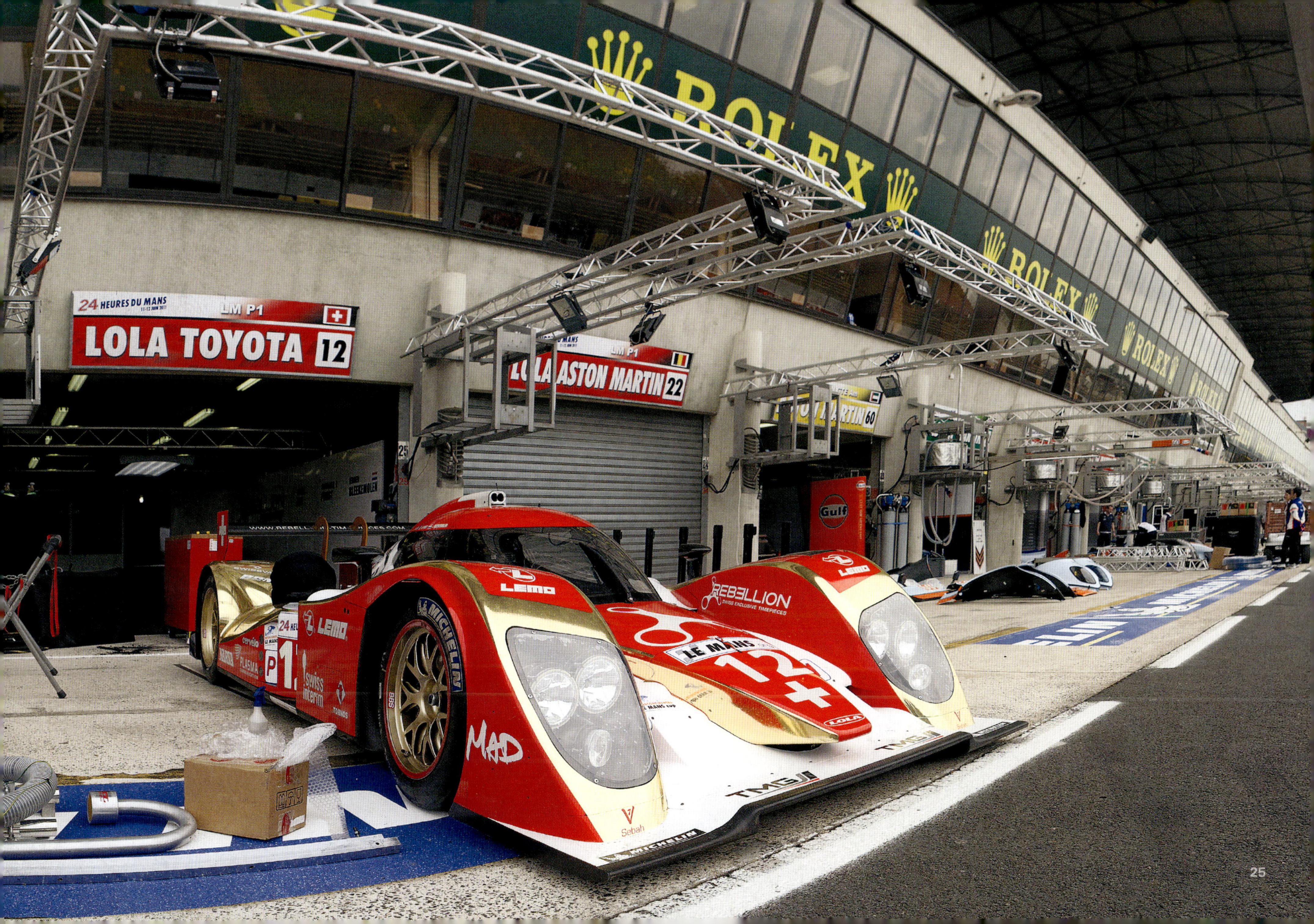

ROLEX
24 HEURES DU MANS
LM P1
LOLA TOYOTA
12
LM P1
ASTON MARTIN
22
Gulf
REBELLION
LEMO
MICHELIN
MAD
LE MANS

SiriusXm
Mobil 1
Compuware
uware
Hella
FLEXFUEL
E85 ETHANOL
tes.com

CORVETTE
Compuware
PRO
74
24 HEURES DU MANS
04
RACING
WESTWARD
#3 CAR

CHARGE MAXIMUM 200 KG

DUNLOP
DUNLOP
DUNLOP
DUNLOP
79

DUNLOP
T3a

**SCRUTINEERING** As with all the greatest sporting events, Le Mans theatrically plays to the crowd. At a 'normal' race, technical scrutineering would be conducted behind closed doors. At Le Mans, it's laid out for all to see, lending the main square the look of a music festival. For some, the curious sight of a racing car weaving through the city on the back of a lorry is just a mild distraction from an ordinary working Monday, but hundreds more crowd into the Place des Jacobins to catch a glimpse of the latest machines and to seek out drivers' autographs. The biggest teams bring full race transporters into town; the anticipation building until the doors open and the sleek race cars are lowered to the crowds waiting below, cameras at the ready. The Ford GT is a clear favourite, with its visual connection to the great Ford GT40s that won at Le Mans in the late 1960s. Along with the Gulf Oil colours adorning a number of other cars, the popularity of the GT shows that part of Le Mans' enduring appeal is firmly rooted in the race's emotional heyday of the 1960s and '70s. Perhaps this is because of the loyal fans who return year after year – many thousands travel to Le Mans for the race, but scrutineering is a more local affair. All ages and walks of life are drawn to the event, and there is always a strong showing from elderly gentlemen who have known the race since boyhood, many of whom will have seen both the Gulf colours and the GT40 victorious in the past.

**LES VÉRIFICATIONS** Comme tout événement sportif important, les 24 Heures du Mans connaissent une vraie mise en scène et les spectateurs adorent cet aspect théâtral. Lors d'une course "normale", les vérifications techniques se déroulent dans la confidentialité d'une enceinte fermée. Mais au Mans le "pesage", comme on l'appelle familièrement, se fait au vu et au su de tous. Pour certains, le spectacle étrange d'une voiture de course traversant la ville sur un camion-plateau n'est qu'une distraction anodine émaillant un lundi habituel, mais des centaines d'autres s'agglutinent Place des Jacobins pour apercevoir les machines les plus récentes ou arracher l'autographe d'un pilote. Les écuries les plus importantes viennent en ville avec leurs semi-remorques. L'excitation est à son comble lorsque s'ouvrent les portes, laissant apparaître la machine racée, que l'on descend sur la chaussée sous le crépitement des appareils photos. La Ford GT est une des favorites, grâce à son air de famille avec la légendaire Ford GT 40 qui a remporté les 24 Heures du Mans dans les années 1960. Avec les couleurs Gulf Oil qui ornent nombre d'autres voitures, la popularité de la Ford prouve à quel point une bonne partie de l'attrait émotionnel exercé par les 24 Heures s'appuie sur les grandes heures de l'épreuve, dans les années 1960 et 1970. C'est peut-être pour cela que les fans les plus fidèles reviennent année après année – des milliers d'entre eux se rendent au Mans pour la course, mais le pesage est un spectacle plus local. Jeunes et moins jeunes s'y pressent et les amateurs d'un certain âge sont toujours nombreux : ils suivent la course depuis leur enfance et ont connu les succès de la GT 40, tout autant que ceux des voitures parées des couleurs Gulf.

la Taverne
brasserie
Restaurant
Cuisine du Sud

LEFEVRE
24 HEURES DU MANS
VERIFICATIONS ADMINISTRATIVES ET TECHNIQUES
Audi Sport
Team Joest
AUTO Hebdo

Audi Sport

fata
Maroquinerie
LE MANS
9, Rue des Minimes - Tél. 02 43 23 9833

PEUGEOT
BELL
TOTAL
8
P1
PlayStation
BOSCH
MICHELIN
LE MANS
24
POID

ES DU MANS
COLLANTS
PEUGEOT
SPORT
PEUGEOT
SPORT

**TEST DAY** In most years, the teams will already have run at the Circuit de la Sarthe several weeks before the race, at a traditional Test Day to acclimatise cars and drivers to the unique demands of the circuit. President of the ACO Jean-Claude Plassart is interviewed alongside the 2011 line-up, comprising works entries from Aston Martin, Peugeot, and Audi, a range of smaller constructors such as Lola, Pescarolo, and ORECA, and a host of road-based GT cars from Ferrari, Porsche, Corvette, BMW, Aston Martin, and Ford. In contrast to race week, cars are inspected under the gaze of only a few fans, while out on track, road signs are uncluttered by sponsors' banners, and attest to the circuit's origins in the network of public roads. The Test Day is the one chance to evaluate the cars and gather data on the full circuit ahead of race week. Robertson Racing had two Ford GTs running at the 2011 test, even though only one had a confirmed entry for the race. "Coming down the main straight and under Dunlop Bridge – all of that of course makes you grin from ear to ear ..." says co-owner Dave Robertson, "... and the only reason we're not jumping up and down ecstatic is because we know what we have to do now to get the car up to speed."

**LES ESSAIS** La plupart du temps, les écuries auront déjà roulé sur le circuit plusieurs semaines avant la course, lors de la traditionnelle journée d'essais, pour acclimater voitures et pilotes aux contraintes particulières de cette piste. C'est l'occasion pour Jean-Claude Plassart, président de l'Automobile Club de l'Ouest, d'être interviewé devant l'alignement des concurrentes 2011, incluant les voitures d'usine comme les Aston Martin, Peugeot et Audi, les constructeurs plus modestes tels que Lola, Pescarolo et Oreca et une multitude de GT dérivées de voitures de route, de marques Ferrari, Porsche, Corvette, BMW, Aston Martin et Ford. Au contraire de la semaine des 24 Heures du Mans, les voitures sont inspectées sous l'œil attentif de quelques fans seulement, alors que sur la piste les panneaux de signalisation ne sont pas recouverts par les bannières des sponsors et rappellent la nature de ce circuit empruntant la voie publique. La journée test est l'occasion ou jamais d'essayer les voitures et de rassembler des informations sur le circuit complet, avant la semaine décisive. Robertson Racing fait tourner deux Ford GT lors des essais 2011, bien que l'écurie n'ait qu'une seule confirmation d'engagement. "Avaler la ligne droite des stands et monter vers la passerelle Dunlop, tout cela est évidemment extrêmement grisant...," souligne Dave Robertson, "et la seule raison pour laquelle nous ne sommes pas saisis d'extase est que nous savons ce qu'il nous reste à faire pour améliorer les temps de la voiture !"

PAYS
LOIRE
france info
france bleu

P2
48
Matmut
Plus
MOTUL
sparco

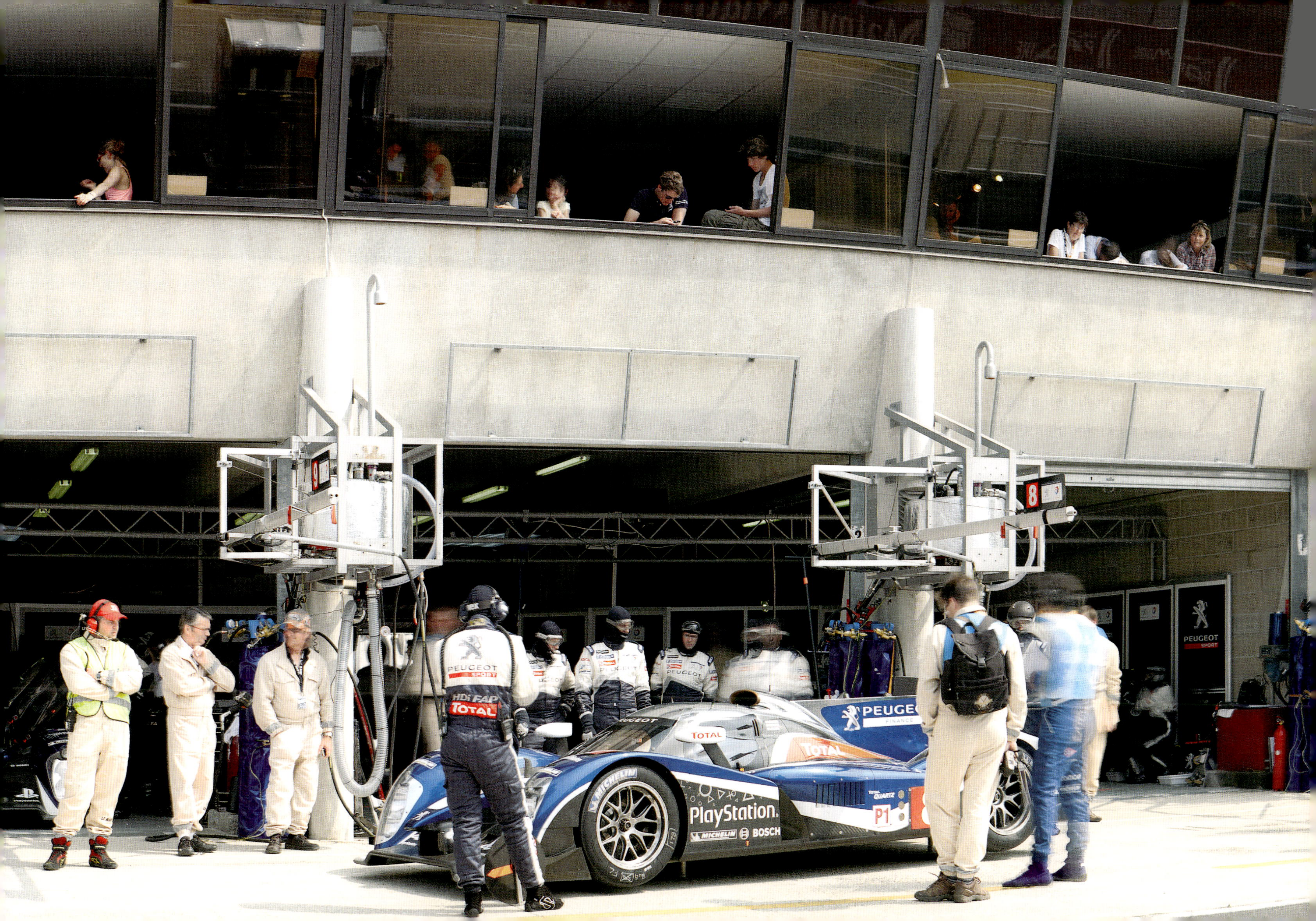
PEUGEOT SPORT
TOTAL
PlayStation
MICHELIN
BOSCH
PEUGEOT
P1

AUTOMOBILE CLUB DE L'OU

ST
24 HEURES DU MANS

A 11 (ANGERS)
A 28 (A 11)
LE MANS
EN TRANSIT
CHARTRES
ALENÇON
LAVAL
ARNAGE
Z.I. SUD
ORLÉANS
CHANGÉ
MMArena

**QUALIFYING PART ONE** More than a month after the test day, race week begins in earnest when the shadows lengthen on Wednesday evening and the whole circuit crackles with the anticipation of the first truly competitive running. Peugeot drivers Marc Gene, Alex Wurz, and Anthony Davidson stop to inspect the Porsche curves, debating where best to come off the throttle to save fuel, and where to take chances through the slower traffic; "I've never been brave enough to pass around the outside there" jokes Davidson, coincidentally at the point on the track where Gene escaped a huge airborne accident in testing for the 2008 race.

Compared to almost anyone on the grid, never mind the years of sports car and F1 expertise in the no 7 Peugeot 908, Lucas Ordonez in the no 26 ORECA-Nissan is a Le Mans novice. Just three years prior to his Le Mans debut, the 26-year-old Spaniard won the Nissan sponsored 'GT Academy' – an open competition for video gamers to win real racing experience in a Nissan 350Z race car. Having then impressed Nissan enough to earn a much faster drive at Le Mans, Ordonez lines up for his first qualifying session in a remarkable state of calm. Although Ordonez's story is unique, it's just the latest of many great tales from the eclectic mix of professionals and amateurs who have contested the race over the years.

Qualifying gets under way, the GT cars and the much faster prototypes vying for the space needed to perfect the car's setup and put in fast laps to claw their way up the grid, the GTs thumping the kerbs of the Ford chicane in an effort to carry speed down the following straight. Elsewhere, some push their luck too far and risk the huge accidents that can happen almost anywhere around what remains one of the fastest and most demanding road courses in the world.

## QUALIFICATIONS, PREMIÈRE SÉANCE

Plus d'un mois après, la semaine des 24 Heures du Mans débute vraiment lorsque les ombres s'allongent le mercredi soir et que le circuit tout entier bruit et frémit en anticipation des vrais essais pour la course. Les choses sérieuses vont commencer... Les pilotes Peugeot Marc Gené, Alexander Wurz et Anthony Davidson inspectent le virage Porsche, discutant du point idéal où alléger l'accélérateur pour économiser le carburant, ou de la meilleure façon de gérer le dépassement des attardés. "Je n'ai jamais eu le courage de prendre l'extérieur, ici", plaisante Davidson, précisément là où Gené a subi un gros accident lors des essais 2008, dont il est sorti miraculeusement indemne.

Comparé à presque tous ceux qui sont sur la grille, et *a fortiori* aux années d'expérience en catégorie sport et en Formule 1 des pilotes de la Peugeot 908 n° 7, Lucas Ordoñez, dans la Nissan Oreca n° 26, est un novice au Mans. Trois ans seulement avant ses débuts ici, l'Espagnol de 26 ans remporte la GT Academy sponsorisée par Nissan – une course ouverte aux joueurs vidéo avec pour premier prix une saison réelle de compétition avec une Nissan 350Z de course. Ayant suffisamment impressionné la marque pour gagner un volant beaucoup plus performant au Mans, Ordoñez s'aligne avec une étonnante maîtrise de soi pour sa première séance de qualifications. Bien que son aventure soit unique, c'est la dernière en date de nombreuses belles histoires liées à l'incomparable mélange de professionnels et d'amateurs qui ont pris part à l'épreuve depuis son origine.

Les qualifications commencent, GT et prototypes entrent en lice pour peaufiner les réglages, améliorer les temps et gagner des places sur la grille de départ. Les GT montent sur les vibreurs de la chicane Ford dans un effort désespéré pour maintenir leur vitesse avant d'attaquer la ligne droite des stands. Ailleurs, certains poussent trop loin leur chance au risque de finir dans les fascines, danger possible presque partout sur ce qui reste l'un des circuits les plus rapides et les plus difficiles du monde.

ROLEX
NISSAN
elf
DUNLOP
NISSAN

ROLEX
ORECA NISSAN
26
NISSAN

PEUGEOT
PEUGEOT
55
PORSCHE

MOTUL MOTUL MOTUL MOTUL MOTUL
3

ROLEX ROLEX ROLEX ROLEX
TOTAL
Shell
PAYS DE LA LOIRE
PAYS DE LA LOIRE
PAYS DE LA LOIRE
38
P2

RMC
INFO
TALK
SPORT
RMC
ROLEX
ROLEX
ROLEX
Conseil général
Sarthe

SINTEZ
GT1

**QUALIFYING PART TWO** In many years, seasonal thunderstorms sweep this part of western France during race week, affecting at least one of the two evenings of qualifying. If the second night is wet, the fastest times will be set in the Wednesday session, relegating Thursday to an anti-climax. But when both nights are dry, the pressure keeps building towards midnight on Thursday and the very last laps on soft tyres and low fuel. Every team and driver insists that grid position is close to irrelevant in a 24 hour race, Audi's Allan McNish saying, "It's a nice thing to be sitting there and have the newspapers on you on Friday, but, as we all know, the newspapers on Monday morning are a little bit more important." However, the reality is often that status matters; the psychological edge of claiming pole position is an early victory in a fight that will only be settled some 63 hours later when the chequered flag falls on Sunday.

As midnight arrives, the normally well-ordered Audi garage is invaded by photographers, local hero Benoit Tréluyer picked out in the glare of the flashguns after having placed the no 2 Audi R18 on pole. As if to prove McNish's comment, the journalists soon disperse and the cars are stripped down in preparation for Saturday afternoon. "The die is cast ..." observes Peugeot team director Olivier Quesnel, "... we are set for a magnificent duel between two great manufacturers."

**QUALIFICATIONS, DEUXIÈME SÉANCE** Souvent au Mans, les orages saisonniers arrosent cette région de France pendant la semaine de course, affectant une des deux soirées de qualification. Si le second soir est humide, alors les meilleurs temps auront été ceux de la séance du mercredi, faisant du jeudi une soirée morose. Mais lorsque les deux séances se déroulent sur piste sèche, la pression monte jusqu'aux environs de minuit le jeudi, les derniers tours étant effectués avec des gommes tendres et un réservoir presque vide. Tous les pilotes et les équipes soulignent que la position sur la grille est sans importance pour une course de 24 heures. Comme le dit Allan McNish, le pilote Audi, "C'est toujours agréable de voir les journaux parler de vous le vendredi, mais nous savons tous que

est souvent affaire de statut ; l'avantage psychologique de détenir la pole position est un premier coup dans le combat sans merci qui ne connaîtra sa conclusion que 63 heures plus tard, quand le drapeau à damiers tombera sur le vainqueur, le dimanche après-midi.

À minuit, le stand Audi normalement bien tenu est envahi par les photographes, le héros local Benoît Tréluyer étant assailli des flashs des appareils photos après avoir amené l'Audi R18 n° 2 en pole position. Comme en écho aux propos de McNish, les photographes se dispersent rapidement et les voitures sont démontées en préparation du samedi après-midi. "Les dés sont jetés...," observe Olivier Quesnel, directeur de l'écurie Peugeot. "Nous sommes prêts pour un duel

ROLEX
ROLEX
ROLEX
ROLEX
SALEEN
Compuware

ROLEX
ROLEX
ROLEX
ROLEX
72
73
MICHELIN

Audi ultraTDI
3

24 HEURES DU MANS
P1
007
BANQUE
BARING BROTHERS
STURDZA

Nikon

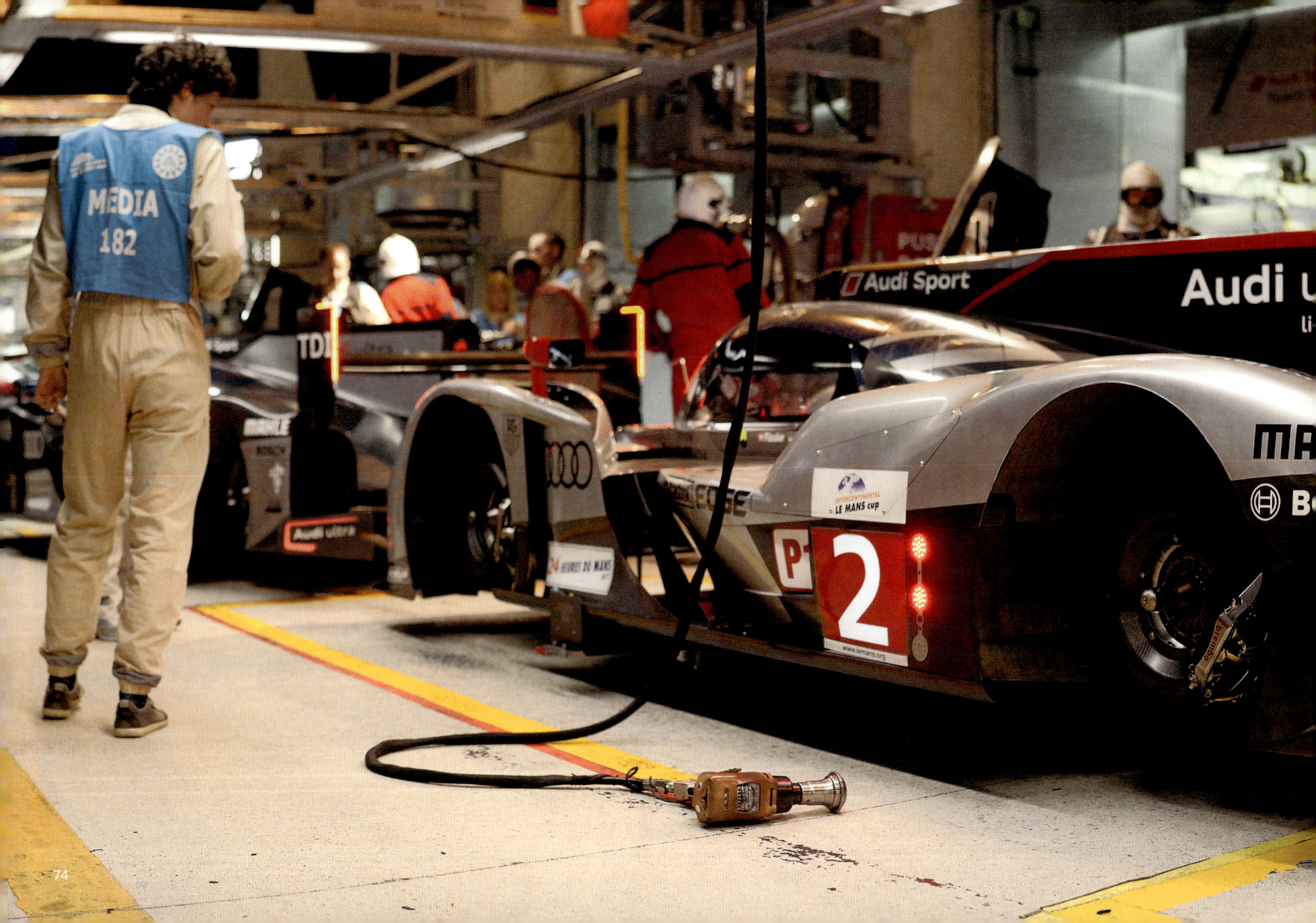
MEDIA
182
Audi Sport
Audi
TDI
2
INTERCONTINENTAL LE MANS cup
24 HEURES DU MANS
Audi ultra
brembo
www.lemans.org

TDI
Audi ultra
Audi ultra
Team Joest

**FRIDAY** Friday brings another great Le Mans tradition, and the chance for fans to get closer to the race, as each trio of drivers is paraded through the centre of the city. Before the festivities get under way, Le Mans novices (even those, like Giancarlo Fisichella, with victories in Formula One) have a chance to gain insight from the acknowledged masters of La Sarthe.

Vintage cars bearing their mix of professional stars and gentleman drivers wind their way through the closely-packed streets of Le Mans. A new generation becomes enthralled from the vantage point of a parent's shoulders, or crouched well below the crowd and clasping the railings. Cries of "Monsieur, monsieur!" implore anyone walking the parade route to place stray posters and flags into the eagerly outstretched hands of the youngest, newest fans of the 24 Hours. The reaction to the Peugeot drivers is full of patriotic fervour, but in places is at least matched by the reaction to the rival Audi drivers. Ultimately, it seems, Le Mans adores its winners regardless of team or nationality.

Back at the circuit campsites, the alternative celebration of 'Mad Friday' is well under way. From the network of small roads within the circuit, tyre-smoking burn-outs performed by passing cars carry the scent of burnt rubber across the campsites where the British are housed in suitable style and the Danes have established their own tent village. The parties will continue long into Saturday morning, safe in the knowledge that there will be time to recover before the race starts at 3pm.

**VENDREDI** Avec le vendredi arrive une autre grande tradition des 24 Heures du Mans, et l'occasion pour les fans d'approcher les acteurs de la course : chaque équipe de trois pilotes prend part au défilé traversant la ville. Avant que les festivités ne commencent, les novices du Mans (y compris ceux qui, comme Giancarlo Fisichella, ont à leur actif des victoires en Formule 1) ont encore l'occasion de glaner quelques précieux conseils auprès des "cadors" du circuit sarthois.

Des voitures anciennes véhiculant un savant mélange de pilotes confirmés et de *gentlemen-drivers* se frayent un chemin dans les rues encombrées. La nouvelle génération s'enflamme depuis le point de vue avantageux des épaules des parents, ou encore joue des coudes sous la foule et s'agrippe aux barrières. "Monsieur, monsieur", implorent-ils, pour que ceux qui participent à la parade placent drapeaux et posters dans les mains des plus jeunes, des nouveaux fans des 24 Heures du Mans. Le passage des pilotes Peugeot déclenche une vraie ferveur patriotique, mais les rivaux de chez Audi ne sont pas en reste. Au bout du compte, Le Mans adore ses vainqueurs, quelles que soient leur écurie ou leur nationalité.

De retour aux campings du circuit, les folles célébrations du vendredi soir sont bien entamées. Sur le réseau de petites routes à l'intérieur du circuit, la gomme brûlée des "burn-out" de voitures en balade fait planer son odeur au-dessus du camping où les Anglais logent avec style et où les Danois ont bâti leur propre village de tentes. La fête va continuer jusqu'au samedi matin, sans arrière-pensée car il restera du temps pour récupérer avant le départ de la course, l'après-midi à 15 heures.

Conseil général
Sarthe
MAISONS DU MONDE
fnac.com
CENTRE JACOBINS
CENTRE J
SÉCURITÉ
PARADE

COBINS
MICROMANIA
PARADE DES PILOTES
24 HEURES DU MANS
2011
PEUGEOT N°8
S. SARRAZIN
F. MONTAGNY
N. MINASSIAN
Smalto
PARIS
luxury racing
AN-161-KE

IN H930H
france bleu
france bleu

LES OPTICIENS

Le Mans
Go-Ahead
N907 XCJ
Transit

KREJSER
JACK & JONES

K-REJSER
JACK JONES

**BUILD UP** While Friday night revellers sleep off the excesses of the previous night, others approach Saturday morning with focus and concentration. In a small support paddock away from the pits, the youngest Le Mans drivers add finishing touches to the 'Galapiats:' two-thirds scale cars designed and built by 10 to 16 year-olds to teach them engineering skills, backed by a small organisation in Grenoble. A parade lap in front of the thousands of spectators is the reward for a year of patient and dedicated work. Meanwhile, grown men, who perhaps ought to know better, test their skills on a virtual Circuit de la Sarthe as a younger generation looks on critically. Nearby, a more relaxed pace is set by the annual meeting of the ten-tenths.com web forum, eased along by a fine bottle of Gewürztraminer from Alsace.

Only in the pit lane is the pre-race tension already apparent, as Allan McNish paces the pit wall with palpable determination, knowing that the rival Peugeots are at least a match for his Audi: "[the race is] just bloody tight, and people are charging hard and fast ..." McNish comments, "... It's not the mentality of an endurance race in reality, the way that it's run now is the total mentality of a sprint race. We attack."

Kyle Wilson-Clarke, race engineer of the no 1 Audi R18, keeps an eye on the clouds building to the north, while the mechanics keep an eye on other attractions. Soon the grid empties and marshals take up their posts before a staged revival of the classic 'Le Mans start' is held, met with varying levels of enthusiasm by the drivers at the sharp end of the grid. The national anthems of every competing team and driver play in sequence, culminating in '*God Save the Queen*' for this very British race in the middle of France, and the spirited riposte of '*La Marseillaise*' from the host nation, the last notes overlapping with the throaty roar of the first engine to fire up. The French Air Force completes the patriotic scene before the cars are waved off on the formation lap; a slow tour to warm up brakes and tyres, gather thoughts, and summon resolve before the ordeal of the next 24 hours.

**LA TENSION MONTE** Alors que les noctambules du vendredi soir digèrent les excès de la nuit précédente, pour d'autres la journée du samedi commence avec concentration. Dans un petit paddock séparé de stands, les plus jeunes pilotes du Mans ajoutent la dernière touche aux "Galapiats" : des voitures à échelle deux-tiers, dessinées et construites par des jeunes de 10 à 16 ans pour apprendre des rudiments d'ingénierie, avec le soutien d'une petite association grenobloise. Un tour de parade devant les milliers de spectateurs est la récompense d'une année de travail patient et assidu. Pendant ce temps des individus plus âgés, qui devraient peut-être savoir mieux manier le volant, testent leur adresse sur un circuit du Mans virtuel, sous le regard critique de la jeune génération. À côté, le rassemblement annuel du forum internet tens-tenths.com se déroule à un rythme plus paisible, aidé par une bonne bouteille de Gewürztraminer.

Ce n'est que sur la voie des stands que la tension est déjà perceptible. Allan McNish la parcourt avec une détermination palpable, sachant que ses rivaux de chez Peugeot représentent pour son Audi une sévère concurrence. "[La course] est

"En réalité, vu la façon dont les choses se déroulent, nous ne sommes pas dans l'état d'esprit d'une épreuve d'endurance, mais d'une véritable course de sprint. Nous attaquons."

Kye Wilson-Clarke, ingénieur de course de l'Audi R18 n° 1, surveille attentivement les nuages qui se forment au nord, pendant que les mécaniciens se tournent vers d'autres attractions, en plus petite tenue... Puis la grille se vide et les commissaires de piste prennent leurs postes avant la mise en place d'un "départ Le Mans" à l'ancienne, plus ou moins apprécié des pilotes les plus rapides. L'hymne national de chaque équipe et pilote retentit l'un après l'autre, culminant avec le *God Save the Queen* pour cette course très britannique en plein cœur de la France, suivi de la riposte énergique de la Marseillaise de la nation accueillante, les dernières notes se chevauchant avec le hurlement rageur du premier moteur qui démarre. La Patrouille de France complète cette scène patriotique avant que les voitures ne soient lâchées pour le tour de formation ; un parcours lent pour chauffer les freins et les pneus, réunir ses pensées et récapituler sa tactique, avant l'enfer des prochaines

REGZA

RECARO
RECARO

TT
ISLE OF MAN
DUNLOP

'73
france bleu

ROLEX
ROLEX
ROLEX
ROLEX
FERRARI
37
37

Audi Sport
Team Joest
7
A. McNish
TDI Power

GHCROFT
Jett Girl
I'm a Jett Girl
MICHELIN
P2

TOTAL
TOTAL
24 HEURES DU MANS
2011
8
TOTAL
QUARTZ
TOTAL
sparco
PlayStation
MICHELIN
BOSCH
TOTAL
PEUGEOT
HDi FAP
alpinestars
MICHELIN

24 HEURES DU MANS 12-13 JUIN 2010
DUNLOP

Audi Sport
Audi ultra

ROLEX ROLEX
SARTHE, ON EN EST FIER
ROLEX ROLEX ROLEX
Medical Car

MICHELIN
ROLEX
ROLEX ROLEX ROLEX ROLEX

**THE RACE BEGINS** A modern habit is for the crowds to peer towards the giant TV screens, showing the cars weaving their way around the eight-mile (13km) circuit behind the pace car. But the scene as the cars near the start line has been repeated every year since the race began: necks strain and fans jostle to see the closely-packed train of cars, bunched together as a complete field for the one and only time in the whole race. Within moments, the lead cars snake their way through the Ford chicane and the race starts in earnest.

'24 Hours of Mechanical Fury' is how one local newspaper previewed the race, that fury unleashed in its most intense form at 3pm on Saturday, as the collective might of 25,000 horsepower propels 56 cars from the start line, carrying the hopes of their teams and the expectations of their sponsors amid a haze of heat and dust. The pitch and volume of the many trackside commentators rises to overcome the noise for the benefit of the millions of people tuned in around the world.

Closely-matched team-mates circulate together, waiting for a slight difference in speed, strategy or fate to separate them for a while. The early part of the race gives the impression that the prizes will be awarded for 24 minutes of racing – cars pass and re-pass, racing down the Mulsanne side-by-side, and taking chances by punching past slower traffic in an attempt to keep close to the front, the marshals' blue flags waving frantically. "There are six cars fighting at the front, and we're all the same speed ..." warns Peugeot driver Anthony Davidson, " ... so through the traffic is going to be very, very risky." Just occasionally, these risks don't pay off, and the consequences as two cars come together can be extreme. Less than an hour into the 2011 race, contact between the no 3 Audi of Allan McNish and the no 58 Ferrari of Anthony Beltoise causes one of the worst accidents at Le Mans for many years. As the silver Audi skims over the gravel at barely diminished speed, 56 years to the day since the infamous accident that killed Mercedes driver Pierre Levegh and more than 90 spectators, there is much to be thankful for that McNish's car doesn't flip into the crowd. As a shaken McNish is escorted to the medical centre, marshals coordinate the rebuilding of the crash barrier next to the shattered remnants of the R18, their skill and determination obvious to the thousands of spectators above

**LE DÉPART** Habitude moderne, la foule se tourne vers les écrans géants dès que les voitures disparaissent, pour les suivre tout au long des treize kilomètres du circuit derrière le *pace car*. Mais la scène au moment où elles s'approchent de la ligne de départ est la même chaque année depuis la première course : les cous se tendent et les fans se pressent pour apercevoir les bolides qui arrivent, tous groupés en un peloton serré pour la seule et unique fois de toute la course. Quelques instants plus tard, les premières voitures sortent de la chicane Ford et le départ va être donné.

"24 Heures de fureur mécanique" titre un journal local juste avant l'épreuve. Un déchaînement qui atteint son point culminant à 15 heures, lorsque la puissance colossale de 25 000 ch propulse 56 voitures de la ligne de départ, transportant les espoirs des écuries et les attentes des sponsors dans un tourbillon de chaleur et de poussière. La voix et le rythme des commentateurs augmentent pour couvrir le tumulte et transmettre l'émotion aux millions d'auditeurs et téléspectateurs attentifs, tout autour de la terre.

Les pilotes de tête se tiennent au coude-à-coude, surveillant la moindre différence de vitesse, de stratégie ou de chance pour prendre un peu de distance. La première partie de l'épreuve donne l'impression que les prix vont être décernés après 24 minutes de course – les voitures se doublent et se redoublent, engloutissant côte à côte la ligne droite des Hunaudières et dépassant en catastrophe les concurrents plus lents pour rester au contact des voitures de tête, alors que les drapeaux bleus des commissaires de piste sont agités frénétiquement. "Il y a six voitures qui se battent devant, et nous sommes tous à la même vitesse...," prévient Anthony Davidson, le pilote Peugeot, "dans le trafic cela va devenir très, très risqué." Parfois, le risque ne paie pas et les conséquences d'un accrochage entre deux voitures peuvent être dramatiques. Moins d'une heure après le départ, un contact entre l'Audi n° 3 d'Allan McNish et la Ferrari n° 58 d'Anthony Beltoise provoque un des accidents les plus graves survenus au Mans depuis de nombreuses années. L'Audi argentée glisse sur le gravier presque sans perdre de vitesse mais, heureusement, ne bascule pas dans la foule. Pendant que l'on escorte un McNish secoué au centre médical, les commissaires remettent en place les barrières de protection à côté des restes fumants de l'Audi R18, montrant aux milliers de spectateurs leur compétence et leur détermination.

randstad
BMW M.
BMW M Power
78
Castrol
DUNLOP
BBS
LUK

BMW Motorsport

D140
MULSANNE
Golf des 24 H.
D139

Audi ultra

50

DUNLOP
TDI

MANITOU
24 HEURES DU MANS 11-12 JUIN 2011
DUNLOP
INTERVENTION RAPIDE

T6a
AMBULANCE

Région
PAYS DE LA LOIRE
Région
PAYS DE LA LOIRE
Région
PAYS DE LA LOIRE

**RHYTHM** Early incidents or not, there comes a point later on Saturday afternoon when the race settles into its rhythm, and individual cars focus on setting consistent times; the starting drivers handing over to their team-mates, some cars already bearing the scars of incidents and close racing. The racing is still intense, but often played out over longer gaps, with cars swapping places as they come in and out of the pits for fuel, tyres, and driver changes.

The contrast between competitors and spectators is clear at this point in the race. The racers work hard to settle into fast lap times and stay out of trouble, while many of the fans take the time to enjoy food, beer and good company – neither is a bad way to spend a June evening in the middle of France. In the trees between Mulsanne corner and Indianapolis, curious local residents whose houses lie alongside the circuit amble trackside to have a look at the machines slicing through the air at up to 200mph (320km/h). Out in the woods, they are privileged to have a view that no normal fan sees, but wear the unfazed look that comes of having this luxury every year.

Even on the long Circuit de la Sarthe, there is rarely a chance for any of the cars to run a lap free of traffic, whether it be faster or slower moving, as battles continue all down the field. As the light begins to fade, the tarmac picks up the reflections of headlights, and the shimmering vision of fast cars down the long straights evokes romantic images of Le Mans' cinematic past.

**PRENDRE LE RYTHME** Accidents ou pas, il arrive un moment, dans l'après-midi du samedi, où la course trouve son rythme et où chacun recherche la régularité des temps ; les pilotes qui ont pris le départ passent le relais à leur coéquipier, certaines voitures portant déjà les stigmates d'incidents ou de touchettes. La course reste intense, avec des périodes de calme relatif, le classement se modifiant en fonction des arrêts aux stands pour ravitailler, changer les pneus ou relayer le pilote.

Le contraste entre les compétiteurs et les spectateurs se creuse à ce stade de l'épreuve. Alors que les pilotes se dépensent sans compter pour établir des tours rapides et poursuivre une course sans problème, nombre de fans prennent le temps de profiter de la nourriture, d'une bière ou d'une bonne compagnie – autant de bonnes façons de passer une soirée de juin dans la campagne française. Dans les arbres entre les virages de Mulsanne et d'Indianapolis, les résidents locaux, dont la maison côtoie le circuit, assouvissent leur curiosité en déambulant à côté de la piste pour voir les voitures surgir à 320 km/h. Ils ont le privilège de bénéficier d'un point de vue auquel ne peut prétendre aucun amateur, mais portent l'air blasé qui accompagne le luxe d'assister chaque année à ce spectacle.

Même sur le long circuit des 24 Heures du Mans, il est rare pour un concurrent de pouvoir profiter d'un tour "clair", sans trafic, qu'il s'agisse des voitures les plus lentes ou les plus rapides, la bataille se poursuivant sans relâche. Alors que la lumière décline, le bitume saisit le reflet des phares et la vision scintillante des voitures filant sur les longues lignes droites évoque les images romantiques des films qui ont été tournés autour des 24 Heures du Mans.

JETALLIANCE
PRO
64

TOTAL QUARTZ
MICHELIN
BOSCH
PlayStation.

PEUGEOT
TOTAL
BOSCH
MICHELIN
PlayStation.

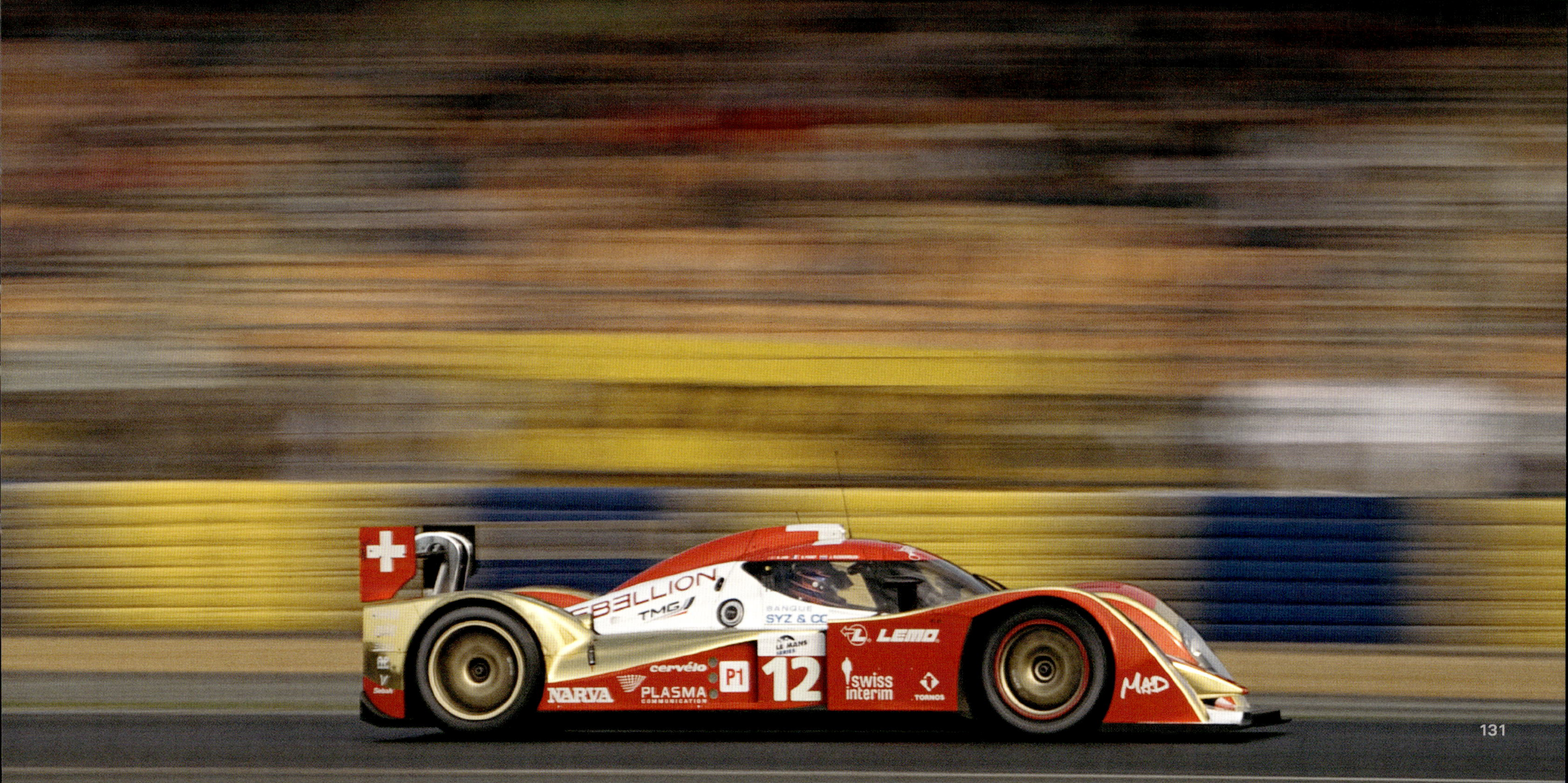
TMG
BANQUE
SYZ & CO
LEMO
cervélo
P1
12
swiss
interim
TORNOS
NARVA
PLASMA
COMMUNICATION

sintez-group.ru
matec

competition.ch
GT1

49
P2
Gulf
SERGE BLANCO
SERGE BLANCO
2

**EVENING** The smell of barbecues drifts over the circuit, adding another potential distraction for drivers already challenged by the sun setting directly ahead of them as they speed through the forest at the back of the circuit. Photographers rush to catch the last evening light as the sun fades over the airfield to the west, TV helicopters silhouetted as they lift off again to chase the cars along an aerial mimic of the circuit. Behind the photographers is the excited chatter and clinking of glasses from hospitality pavilions, where corporate guests watch videos detailing how race technology is fed into our road cars. Outside on track, there is little care for the technology, as long as it keeps working for another 17 hours.

The sky passes through inky blue shades into the depth of the night, where the sheer speed, energy and noise of a Le Mans car flat-out is at its most glorious. Those less interested in the racing have concerts and fairgrounds to entertain them, but these attractions still have to compete with the sound and light show on the racetrack nearby. For most of the race's history the circuit was in darkness, but recent years have seen several spectator sections lit in the white tone of metal halide floodlights. Nonetheless, the majority of the lap still relies on drivers peering into the pool of light carved out of the gloom by their own headlights as they race into the night.

**LE SOIR** Les effluves de barbecue planent au-dessus du site, provoquant une distraction supplémentaire pour les pilotes déjà gênés par le soleil qui leur fait face alors qu'ils foncent à travers la forêt, à l'autre bout du circuit. Les photographes se précipitent pour attraper la lumière du soir et la lumière disparaît au-dessus du terrain d'aviation, à l'ouest, alors que se découpent sur l'horizon les silhouettes des hélicoptères de télévision décollant pour prendre en chasse les voitures de course. Derrière les photographes, on entend les murmures excités et le tintement des verres venant des pavillons d'accueil, où les invités d'entreprises regardent les vidéos exposant comment les technologies développées en course s'appliquent ensuite à nos voitures quotidiennes. Sur la piste, on ne s'intéresse guère à la technologie, préoccupé surtout qu'elle résiste encore pendant 17 heures.

Le ciel prend des accents bleu foncé avant de sombrer dans les profondeurs de la nuit où la vitesse, l'énergie et le bruit d'une voiture roulant à fond au Mans prennent leur dimension la plus glorieuse et émouvante. Ceux que la course n'intéresse que moyennement peuvent profiter des concerts et de la fête foraine, mais ces attractions doivent lutter contre le spectacle son et lumière qui se déroule sur la piste voisine. Tout au long de son histoire, le circuit tout entier a été plongé dans la pénombre et ce n'est que récemment que certaines portions sont éclairées par la lumière crue des projecteurs halogènes. Mais sur la plus grande partie des treize kilomètres, le pilote ne peut compter que sur ses propres phares dont le pinceau puissant perce la nuit épaisse.

Sarthe

MICHELIN
ROLEX
PAYS DE LA LOIRE

LEMO
swiss
interim
TORNOS
flow-meter
DUCALE
NARVA
PLASMA
COMMUNICATION
stand21
Sebah

ROLEX
YS DE LA LOIRE
Shell
RacingSolutions

24
HEURES DU MANS

COCO PALACE
COCO

PEUGEOT PEUGEOT

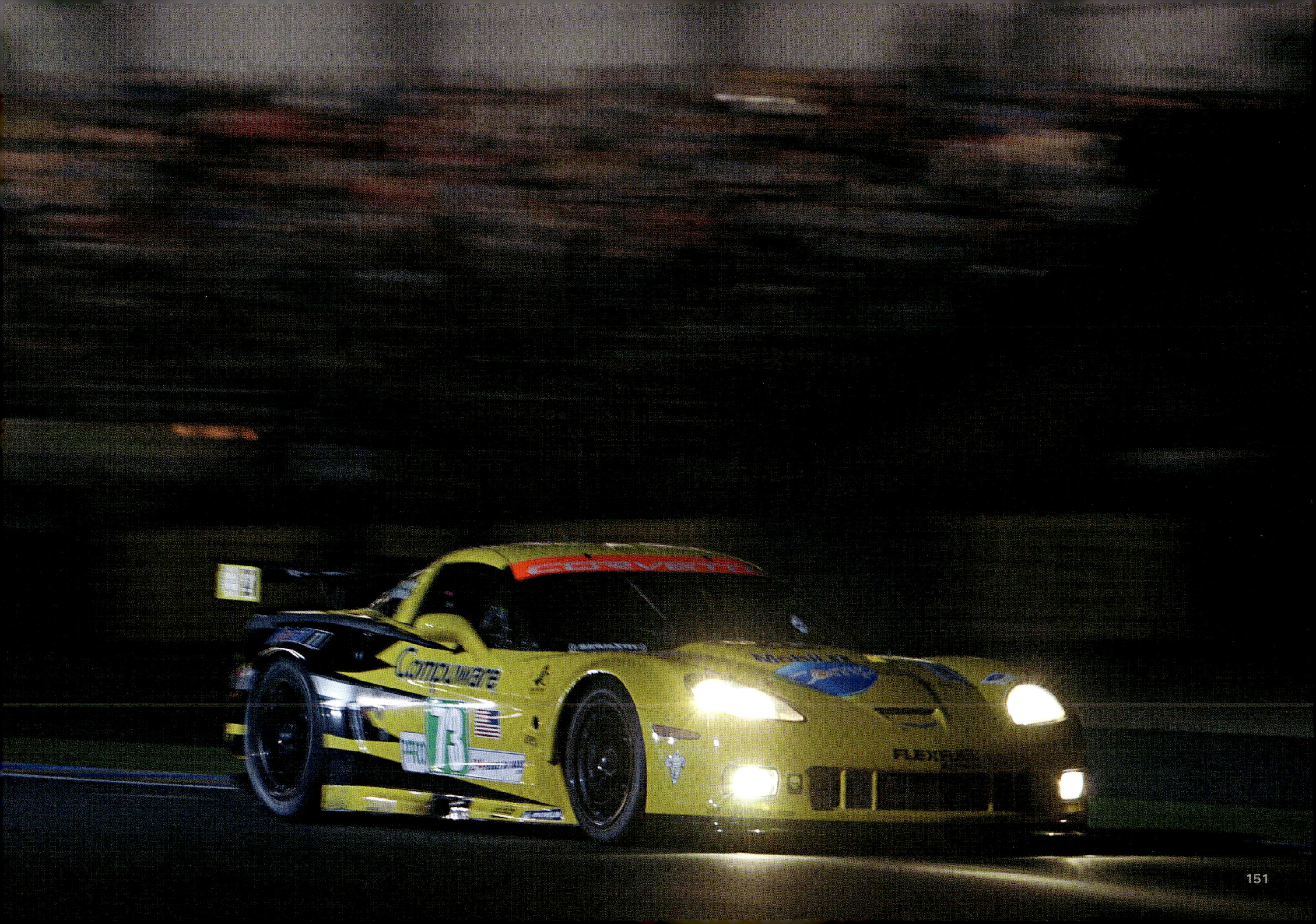
Compuware
73
FLEXFUEL

**NIGHT** With darkness enveloping the circuit, headlights shine down the long stretches of Armco barrier, and occasional gaps in the traffic leave the sound of a solitary engine wavering in the cool air. At Le Mans, the night is about survival. When the sun drops, things start to happen: punctures, spins, contact, engine fires that consume cars before they can be extinguished. It takes perseverance and luck to race into the sunrise. In 2011, the track falls quiet just before 11pm; the race neutralised behind safety cars after another massive accident between an Audi and a slower Ferrari GT car, this time the no 1 Audi of Mike Rockenfeller and the no 71 Ferrari of amateur Rob Kauffman. With no response from its car, the Audi team's radio is largely silent, except for a few short, tense exchanges between the no 2 car's race engineer, Leena Gade, and driver, Andre Lotterer, as he passes the accident:

Lotterer: "Holy ... the car looks completely ... finished."

Gade: "Copy that Andre. We've seen it, we're finding out now."

Lotterer: "Who is it?"

Gade: "Andre ... it's Rocky."

The subsequent silence extends around the track, as hundreds of fans huddle in the half-light at Arnage corner, squinting at the giant screen to decipher the blurred images of a race car torn into a hundred pieces at full speed. The unspoken assumption is that Rockenfeller can't possibly have survived unscathed. But after a nervous wait for news comes confirmation that Rockenfeller has climbed from the wreckage and is in the care of the medics. The race continues. New tyres are fitted, still more prepared. As the race reaches the halfway point, on the podium the trophy awaits the victors' arrival 12 hours later. Pit crews catch a few minutes' sleep between pit stops, hoping that each time they wake their car is still running. Dawn beckons, just a few hours away.

**LA NUIT** Le noir absolu a envahi le circuit et la lueur des phares lance des éclairs sur les rails de sécurité. De temps en temps, un répit du trafic laisse un moteur solitaire résonner dans la fraicheur nocturne. Au Mans, la nuit est affaire de survie. Lorsque le soleil n'est plus là, il commence à se passer toutes sortes de choses : crevaisons, tête-à-queue, contacts, incendies de moteur qui s'étendent à la voiture avant d'être maîtrisés. Il faut de la persévérance et de la chance pour tenir jusqu'au lever du jour. En 2011, le calme tombe sur la piste juste avant 23 h ; la course est neutralisée derrière la voiture de sécurité, à la suite d'un accident spectaculaire entre l'Audi n° 1 de Mike Rockenfeller et la Ferrari plus lente n° 71 du pilote amateur Rob Kauffman. Sans réponse de sa voiture, l'équipe d'Audi reste silencieuse, à part quelques échanges courts et intenses entre Leena Gade, l'ingénieure de la voiture n° 2, et le pilote André Lotterer qui passe devant l'accident :

Lotterer : "Mon Dieu... La voiture est complètement... détruite !"

Gade : "Bien reçu, André. On a vu. On essaye d'en savoir plus."

Lotterer : "C'est qui ?"

Gade : "André... c'est Rocky."

Le silence s'étend sur tout le circuit, alors que des centaines de spectateurs se précipitent vers le virage d'Arnage, scrutant l'écran géant pour déchiffrer les images floues d'une voiture de course se disloquant à pleine vitesse. La supposition muette est que Rockenfeller ne peut survivre à un tel choc. Mais après une attente fébrile arrive la confirmation que le pilote a pu s'extraire des débris et être confié aux médecins. La course continue. On monte des pneus neufs et on en prépare d'autres. La mi-course est atteinte et, sur le podium, la coupe attend le vainqueur, dans 12 heures. Les mécaniciens s'octroient quelques minutes de sommeil entre les arrêts, espérant, chaque fois qu'ils rouvrent l'œil, que leur voiture est toujours en course. Plus que quelques heures avant l'aube.

50

NetVu
DEDICATED MICROS
TransVu
FlightVu
NetVu
RML-AD.COM
24

36
FlightVu
DUNLOP
LE MANS
TransVu
UNIPART
network video
Mike Newton
Thomas Erdos
Ben Collins
DU MANS
2011
P2
36

ROLEX ROLEX ROLEX ROLEX
24 HEURES DU MANS
12-13 JUIN 2010
LE MANS.org
LE MANS.org
1
2
3
ROLEX
ROLEX
RMC
INFO TALK SPORT
RMC
ROLEX ROLEX
ROLEX ROLEX

ROLEX
12 00 00
Conseil général
Sarthe
24 HEURES DU MANS
ROLEX

Gulf
darwin
Ontime

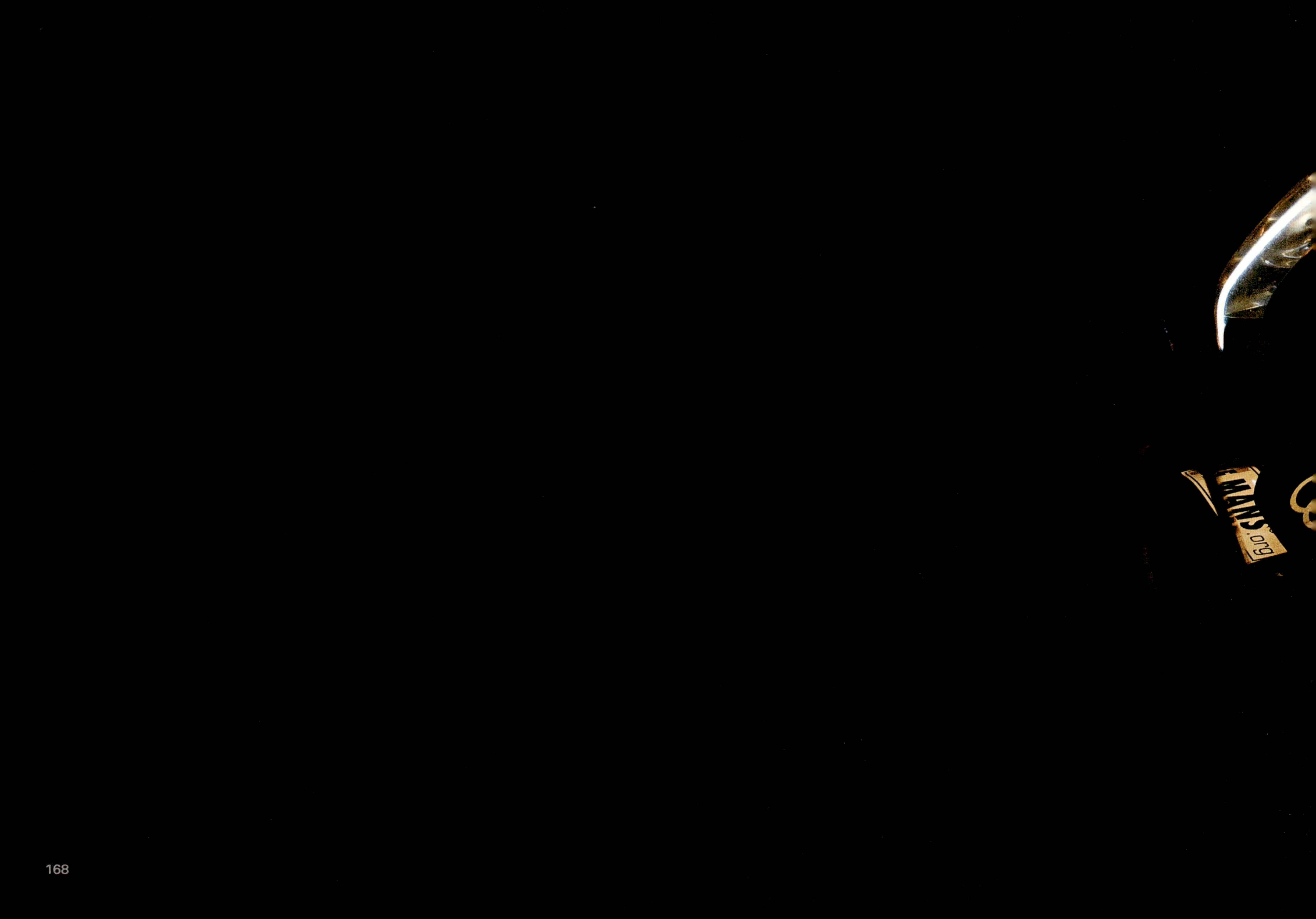

Audi ultra
MAHLE
2
INTERCONTINENTAL
LE MANS cup

**MORNING** The fading of deep blue to lighter shades of purple signals the welcome arrival of dawn. There are teams and drivers for whom this in itself is an achievement; if they can continue to finish the race, maybe even well placed, that would be a real bonus. But that is still nine and a half hours away – there is still the equivalent of seven Grands Prix left to run.

The morning often shows the cruelty of Le Mans, well demonstrated in the 2010 race. As fans wake to their coffee and croissants, the cover star of the specially-printed morning papers is the Peugeot 908 of Franck Montagny, Nicolas Minassian, and Stephane Sarrazin that had led through the night to hold a one lap advantage over the nearest chasing Audi. Moments later, the gathered crowd, still wiping the sleep from its eyes, watches the Peugeot spout flame from its exhaust before crawling to a halt. Its race is over, and the only remaining works Peugeot seems out of contention. Some of the deflated fans return to sleep, others dust themselves off to start the day – one that still promises some remarkable entertainment, even if the French favourites are to be denied victory.

On the other side of the catch fence, the morning brings urgent work for some and respite for others. While photographers squeeze into position to catch the classic sunrise shots, a weary Mike Newton sustains himself in the best tradition of British racing drivers – with a quick cup of tea between stints. Just twenty minutes later he is strapped into the RML team's Lola-Mazda and heading back onto the circuit.

There are many ways to count the attrition of the field at Le Mans: in the pit lane, some garages are shuttered in a practical gesture that tells the watching fans that the car will not be taking any further part; up in the press room, this tale is laid out in detail on the retirements board – a sortie de piste here, a transmission cassée there; while the physical evidence of beaten cars awaits collection from parc fermé.

**LE MATIN** Le passage d'un bleu profond à une teinte légèrement pourpre signale l'arrivée attendue de l'aube. Pour certaines écuries et pilotes, être encore en course est déjà une victoire ; s'ils peuvent encore tenir jusqu'à l'arrivée, avec éventuellement une bonne place au classement, ce serait un vrai bonus. Mais il reste encore neuf heures et demi – l'équivalent de sept Grand Prix de Formule 1.

Le matin montre souvent la cruauté du Mans, comme on l'a vu en 2010. Alors que les fans trempent un croissant dans leur café, la star des journaux matinaux imprimés spécialement est la Peugeot 908 de Franck Montagny, Nicolas Minassian et Stéphane Sarrazin qui a mené toute la nuit, prenant même un tour à l'Audi la plus proche. Quelques instants plus tard, se frottant encore les yeux pour chasser le sommeil, la foule assiste à l'arrêt de la voiture, des flammes jaillissant de l'échappement. C'est fini pour la dernière Peugeot d'usine, elle aussi hors-jeu. Quelques fans découragés retournent dormir, d'autres se préparent pour une nouvelle journée – qui promet encore de beaux rebondissements, même si les favoris ont laissé s'échapper la victoire.

De l'autre côté de la barrière, la matinée se traduit par du travail urgent pour certains et un répit pour d'autres. Alors que les photographes prennent place pour saisir les images classiques du lever du soleil, un Mike Newton fatigué se nourrit dans la plus grande tradition des pilotes britanniques avec une tasse de thé. Vingt minutes plus tard, il est sanglé dans le baquet de la Lola-Mazda de l'équipe RML et s'élance sur la piste.

Il y a plusieurs façons de constater la casse, sur le champ de bataille du Mans : dans les stands, certains volets sont tirés, révélant aux spectateurs que les voitures ne réapparaîtront pas ; dans la salle de presse, ces mésaventures sont relatées par le menu sur le tableau des abandons – une sortie de route ici, une transmission cassée là – alors que le parc fermé offre l'évidence physique des voitures défaites, attendant que l'on vienne les chercher.

24 HEURES DU MANS

MICHELIN
GREEN
CHALLENGE

22
MICHELIN
MAISON BLANCHE
PARC DU RACCORDEMENT
BLEU

sparco
network video
FlightVu
DUNLOP

DEDICATED MICROS

DUNLOP

TOTAL

LOLA TOYOTA
12
24 HEURES DU MANS
LM P1
LOLA TOYOTA 12
24 HEURES DU MANS
LM P1
LOLA ASTON MARTIN
13
12
MICHELIN

24 HEURES DU MANS
11-12 JUIN 2011
LM GTE Am
ASTON MARTIN 60
LM GTE Pro
MARTIN 79
22
TOTAL
MICHELIN

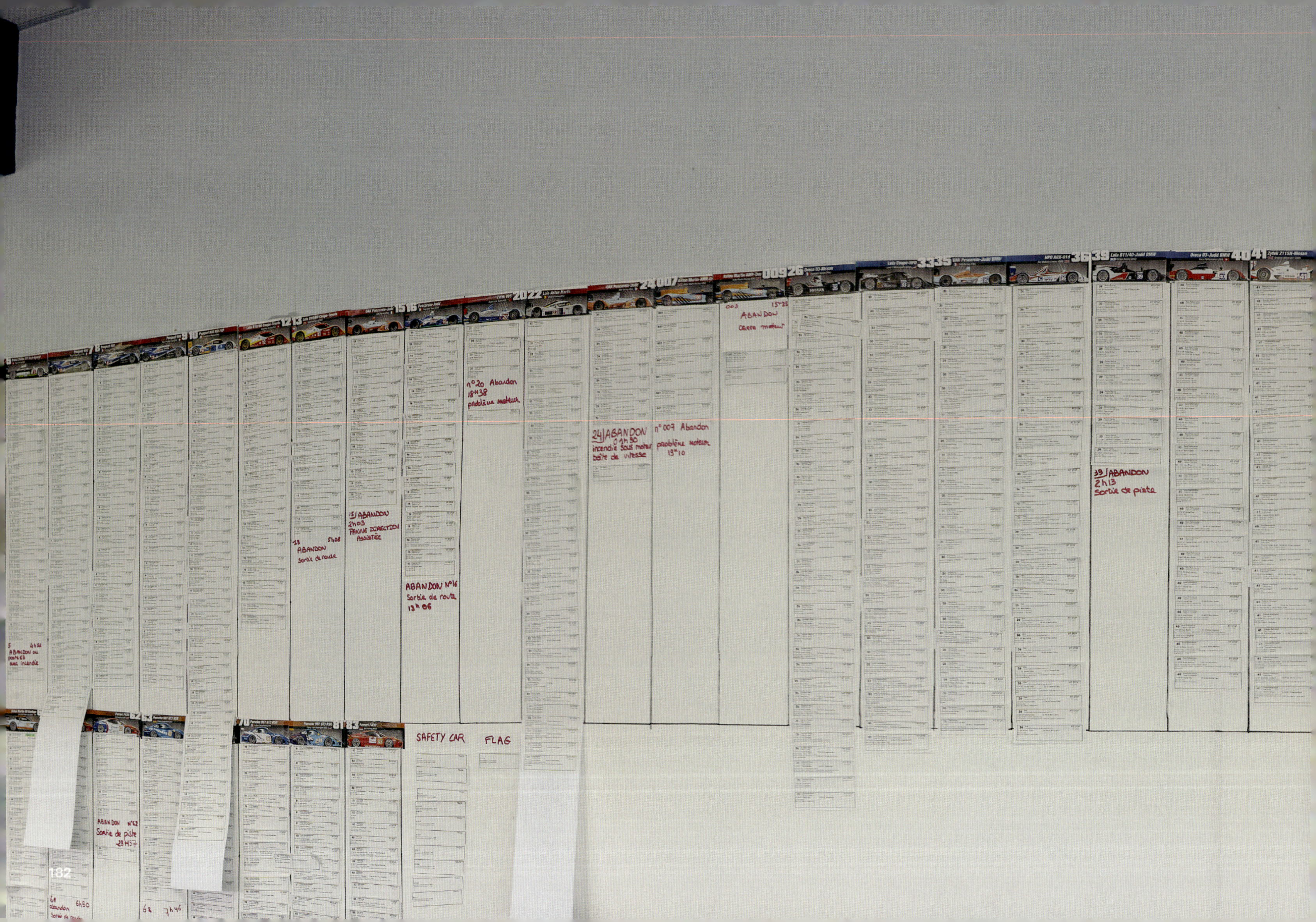
n°20 Abandon
18h38
problème moteur
24) ABANDON
incendie sous moteur
boîte de vitesse
n° 007 Abandon
problème moteur
13h10
ABANDON
casse moteur
33) ABANDON
2h13
Sortie de piste
15) ABANDON
2h03
PANNE DIRECTION ASSISTÉE
ABANDON
Sortie de route
ABANDON N°16
Sortie de route
13h06
SAFETY CAR
FLAG
ABANDON N°62
Sortie de piste
23H57

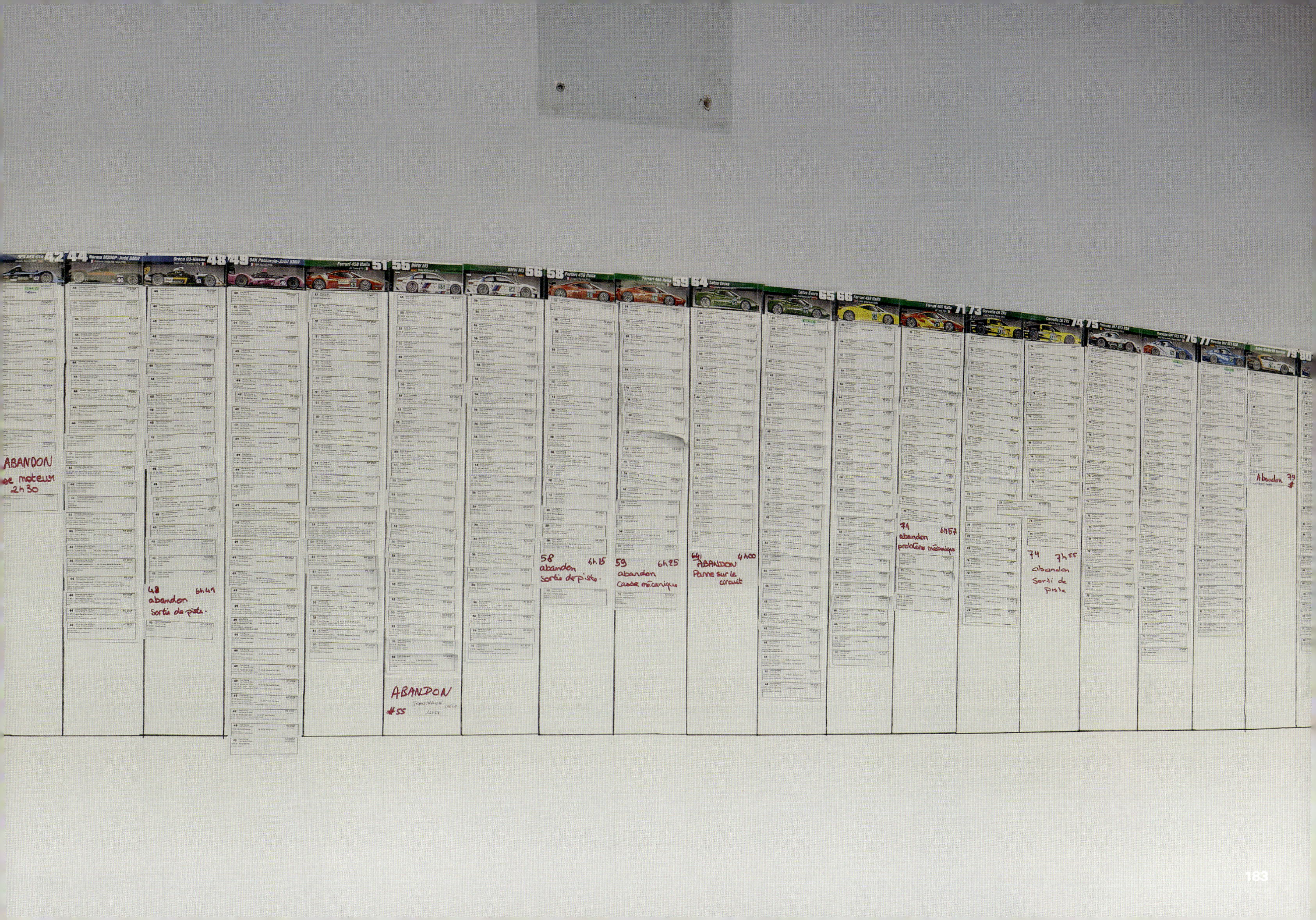
ABANDON
ABANDON
#55
58 abandon 6h15 sortie de piste.
59 abandon 6h25 casse mécanique
64 ABANDON 6h00 Panne sur le circuit
71 abandon 6h57 problème mécanique
74 7h55 abandon sorti de piste
Abandon 79 #

RESERVE
POLICE
PREFECTURE

FARO
Compuware
74
Mobil 1
MICHELIN
61
SAVIR
DHL
AM

MANITOU
FELBERMAYR
GT2
GT1

**SURVIVAL** Audi's Le Mans leader, Head of Motorsport Dr Wolfgang Ullrich, watches as the no 2 car's race engineer, Leena Gade, rushes back to the pit wall from the Audi garage, the strain of the duel between the sole remaining R18 and the four Peugeot 908s etched on her face. Minutes later, Benoit Tréluyer is mere meters behind the no 9 Peugeot of Simon Pagenaud as they come onto the Mulsanne straight. Before long, the Audi is past, but the chasing pack of Peugeots is never far behind. As the clock ticks past midday and towards the finish, even in years where the result is secure, the pace barely eases off. When the lead is still contested, truly extraordinary laps are recorded by tired drivers in cars that have taken all that the event can throw at them.

The other classes are just as competitive, but everyone left running is increasingly focused on simply finishing, wary in the knowledge that cars have been known to fail just meters from the finish line. The beauty of the Sarthe landscape is still evident as the sun beats down on the outlying parts of the track populated by tired bands of spectators, some still sleeping, others keenly following the race.

Back in the pit lane, the crew of the no 68 Robertson Racing Ford GT watches intently as it closes in on third place in its class. Outside, the car is willed on by 40,000 fans that have returned to the grandstands to see the finish. As the race winds down towards the last minutes, there is time for the battered cars to undertake one last pit stop, to ensure that they are in the best condition possible to

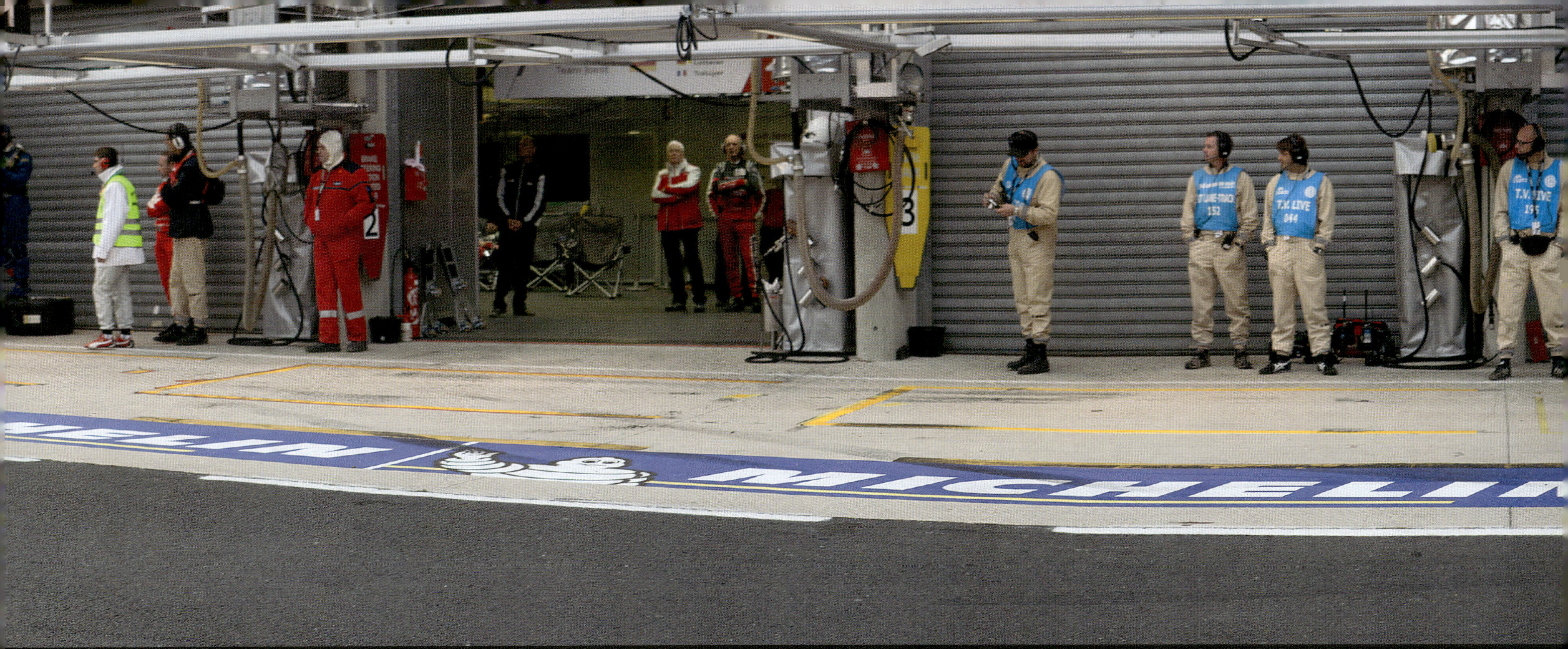


**SURVIVANTE** Le directeur d'Audi au Mans, le Docteur Wolfgang Ulrich, regarde Leena Gade, l'ingénieure de la voiture n° 2, quitter le stand et se précipiter sur le muret de protection qui longe la ligne droite, le visage exprimant la tension du duel entre la seule Audi R18 restant encore en course et les quatre Peugeot 908 lancées à sa poursuite. Quelques minutes plus tard, Benoît Tréluyer est à quelques mètres derrière la Peugeot n° 9 de Simon Pagenaud alors qu'ils arrivent dans la ligne droite des Hunaudières. L'Audi la dépasse, mais la meute de Peugeot n'est pas loin. Aux 24 Heures du Mans, lorsque l'horloge sonne midi et que l'arrivée approche, même quand le résultat est quasiment assuré, le rythme ne baisse guère. Alors si le vainqueur est encore incertain, les pilotes fatigués signent des tours magnifiques au volant de voitures qui ont supporté tout ce que la course

Dans les autres catégories, la concurrence n'est pas moins féroce, mais tous ceux qui sont encore là sont de plus en plus concentrés sur le simple effort de finir la course, conscients de ce que, parfois, l'abandon guette les malchanceux à quelques mètres de l'arrivée. La beauté du paysage sarthois se révèle sous le soleil qui inonde le circuit, là où les groupes de spectateurs fatigués suivent passionnément la fin de l'épreuve alors que d'autres sont encore en train de dormir.

Retour dans les stands : l'équipe de la Ford GT n° 68 de Robertson Racing retient son souffle alors que sa voiture tient la troisième place de sa catégorie. À l'extérieur, elle est acclamée par 40 000 fans de retour dans la tribune principale, pour vivre l'arrivée. Alors que la course s'approche de son terme, il est encore temps pour les voitures usées d'observer un dernier arrêt aux stands, histoire de

QUARTZ
MICHELIN

PEUGEOT
TOTAL
BOSCH
PlayStation
MICHELIN
Audi ultra

14
DUNLOP
PEUGEOT

24 HEURES DU MANS

piloti

sparco
piloti

Audi ultra
lightweight technology
Audi ultra
lightweight technology
Audi ultra
lightweight technology
Audi ultra
lightweight technology
Audi ultra
lightweight technology

Audi ultra
lightweight technology
TOM K - DINDO - McNISH
CORVETTE
CHEVROLET

BANQUE
BARING BROTHERS
STURDZA
LE MANS
007

Gulf
BANQUE
BARING BROTHERS
STURDZA
LOWE'S
darwin
007
HACKETT
LONDON

INTERCONTINENTAL
LE MANS cup
Audi Sport
Audi
Top Service

Audi Sport
Audi Top Service
INTERCONTINENTAL LE MANS cup
Audi Sport

**THE FINISH** Everyone involved knows that just finishing at Le Mans is a massive achievement; the embodiment of the Olympic ethos of taking part, but with the stakes so high, there's no denying that a defeat here is painfully felt. The sweeping Audi victory in 2010 was simply a celebration, but as the 2011 race-winning Audi crosses the line, there are tears at both ends of the pit lane after such a closely-fought, epic race. Second-placed Sebastien Bourdais laments, "You know, you give everything you have in your body for 24 hours to lose by 13 seconds ..."

Before the trophies are handed out, the first prize for those on the podium is surely the view out over the sea of people who invade the track immediately after the race. As the crowds recede, John Hindhaugh, known to millions as the voice of Radio Le Mans, reflects on another year at Le Mans and what had been an emotional race, "I can't help thinking how Le Mans is different to other races, the audience really 'live' the race together. The 250,000 at the track, over 5.5 million visitors to radiolemans.com, the TV viewers, the teams, the sponsors, the press corps, the marshals, we all experienced a great race. We all shared the highs and lows brought about by the success and failure of endurance competition. Most importantly, we all get to go back to our loved ones – all of us. Nothing else really matters."

Once clear of jubilant, exhausted fans, the pit lane is again the scene of quiet activity, slowed only by the fatigue of everyone involved. Race-worn cars are left standing as the whole infrastructure of the pit lane is dismantled; all cars equal again, those rolled back from parc fermé sit under half-lowered shutters, while further up the pit lane the race winner basks in the evening sun, coated in streaks of oil, rubber, and French insects. While podium finishers pass round the champagne, the rest pack up the pit wall. The podium lies empty once again in the afternoon sun, the trophy claimed, and the flags removed. All that remains is for the crowds to filter away, a great many bound for the Channel ports, others for Italy, Holland, Denmark, Germany, and all across France. Just as the clock counted down the 24 hours, so the calendar must mark off another 51 weeks until the teams and fans arrive in the city, to again face the unique, addictive challenge that is the Le Mans 24 Hours.

**L'ARRIVÉE** Tous ceux qui connaissent cette course savent que le simple fait d'arriver au bout des 24 Heures du Mans est une extraordinaire réussite. Et pourtant, dans certains cas, l'enjeu est tel que la défaite a vraiment un goût amer. L'écrasante victoire d'Audi en 2010 était une simple fête, mais en 2011, alors que l'Audi victorieuse franchit la ligne d'arrivée, il y a des larmes aux deux extrémités de la voie des stands, à l'issue de ce combat si âpre et si serré. Sébastien Bourdais, deuxième, l'exprime ainsi : "Vous savez, vous donnez tout ce que vous avez dans le corps pendant 24 heures, et vous perdez de 13 secondes..."

Avant même la remise des prix, la première récompense pour ceux qui monteront sur le podium est la marée humaine qui envahit la piste dès la course terminée. Quand la foule s'éparpille, John Hindhaugh, connu de tous comme la voix anglaise de Radio Le Mans, revient sur cette édition si émotionnelle : "Je ne peux m'empêcher de penser que la course des 24 Heures du Mans est vraiment différente des autres, avec une audience qui 'vit' complètement l'épreuve. Les 250 000 spectateurs présents, les plus de 5,5 millions de visiteurs sur radiolemans.com, les téléspectateurs, les équipes, les sponsors, la presse, les commissaires de piste, nous avons tous vécu une course passionnante. Nous avons tous partagé

d'endurance. Plus important, nous allons tous rentrer chez nous retrouver nos proches. Tous. Rien d'autre n'a vraiment d'importance."

Une fois vidée de ses fans aussi enthousiastes qu'épuisés, la voie des stands retrouve son calme et son activité, ralentie par la fatigue de tous. Les voitures harassées par la course sont laissées de côté pendant que les infrastructures sont démantelées. Toutes les autos sont à nouveau à égalité ; celles qui reviennent du parc fermé restent à l'abri de volets à demi fermés alors qu'au bout de la ligne des garages la machine victorieuse baigne dans le soleil de la soirée, couverte de traces d'huile, de gomme et d'insectes. Pendant que les plus heureux montés sur le podium se passent la bouteille de champagne, les autres terminent de ranger. Le podium est vide à nouveau, la coupe a disparu et les drapeaux sont décrochés. Il ne reste plus que la foule de spectateurs s'écoulant hors du circuit pour prendre la direction des ports de la Manche alors que d'autres partent vers l'Italie, la Hollande, le Danemark, l'Allemagne ou toutes les régions de France. Tout comme l'horloge a décompté 24 heures, le compte à rebours du calendrier commence : dans 51 semaines, les équipes et leurs fans vont se retrouver à nouveau dans la ville pour prendre part à cette aventure unique et

PEUGEOT
eil généra
arthe
nseil gén éal
Sarthe

ROLEX
MICHELIN
Matmut
PEUGEOT
TOTAL

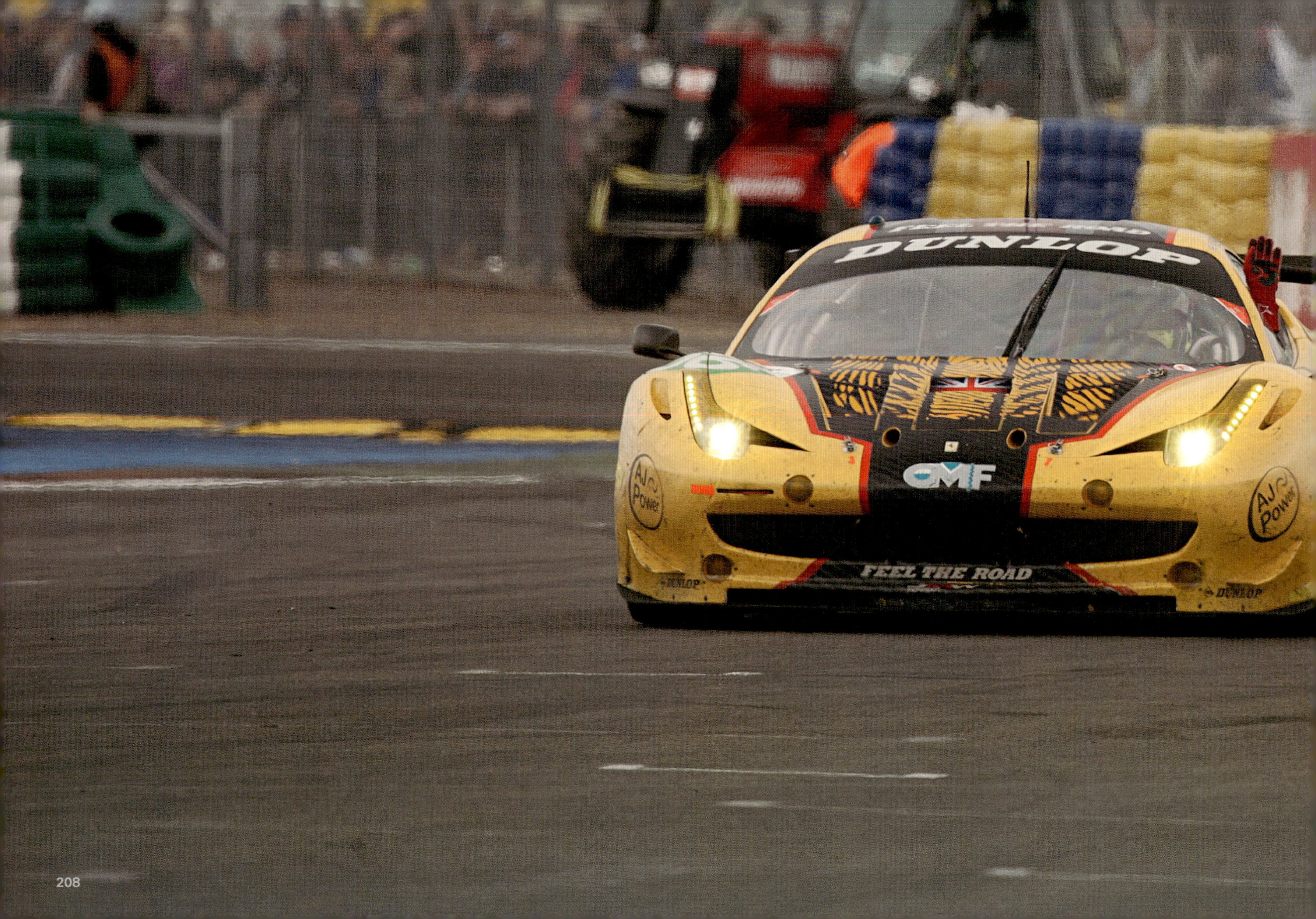
DUNLOP
CMF
AJ Power
AJ Power
FEEL THE ROAD
DUNLOP
DUNLOP

MOTUL

ROLEX
ROLEX
ROLEX
ROLEX
ROLEX
ROLEX
ROLEX
ROLEX
24 HEURES DU MANS

PEUGEOT
MOTUL
ROLEX ROLEX ROLEX ROLEX
ROLEX ROLEX ROLEX ROLEX
ROLEX
ROLEX

ROLEX
ROLEX
ROLEX
ROLEX

MICHELIN
LE MANS.org
P1

Audi TDI Power
TOTAL TOTAL TOTAL TOTAL TOTAL TOTAL TOTAL TOTAL TOTAL TOTAL TOTAL TOTAL TOTAL TOTAL
ORECA
Box 1
Box 2
PEUGEOT
PEUGE

ROBERTSON
racing
piloti
GROUP 52
stand21
Dave Robertson

piloti
Ford
MICHELIN
piloti
24
David Murry
TRACK DAYS
IMSA
David Murry

ROLEX ROLEX ROLEX ROLEX
24 HEURES DU MANS
12-13 JUIN 2010
LE MANS.org
LE MANS.org
1
2
3
ROLEX
OLEX ROLEX ROLEX ROLEX
TOTAL
RMC
INFO TALK SPORT
RMC
ROLEX ROLEX
ROLEX ROLEX RO

Audi TDI Power
Audi T
ROLEX
ROLEX
Conseil général
Sarthe
24 HEURES DU MANS
ROLEX ROLEX
ROLEX ROLEX
EX ROLEX

LE MANS

AL-261-BS

LOLA
www.lola-group.com
If you want the edge in
endurance racing,
you want Lola